Vorwort

«Vom Wasser haben wir's gelernt, das Wandern» – so heisst es im Volkslied. Und tatsächlich: Es plätschert und rauscht, gurgelt und sprudelt, dass es eine Freude ist, den Wasserläufen zu folgen! Die 45 Wanderungen in diesem Buch führen uns zu Gewässern in überraschender Vielfalt: Da ist das ruhige Altwasser, an dem der Biber neu angesiedelt wurde. An anderen Orten lässt man dem Fluss und seinen Kräften freien Lauf. Wunderschöne Fluss-, Auen- und Seelandschaften sind zu entdecken, und fast immer werden die grossen und kleinen Wanderer mit einem erfrischenden Bad belohnt.

An Abwechslung mangelt es bei diesen gemütlichen Wanderungen nicht: Ob Grill-Plausch am belebten Ufer der Emme oder Badespass in der Sense, eine Fahrt mit dem Schiff auf dem Lago di Lugano oder einfach die Füsse kühlen im kristallklaren Bergsee – Langeweile kommt keine auf! Einzigartige Naturschutzgebiete, wild verlaufende Flüsse, verträumte Auen und liebliche Ufer bieten der Tier- und Pflanzenwelt wertvollen Lebensraum. Auf jeder dieser Wanderungen lässt sich die Schönheit der Natur respektvoll erkunden – ein lohnender Augen- und Ohrenschmaus! Feldstecher und Badesachen gehören also unbedingt in den Rucksack.

Die detaillierten Streckenprofile mit Entfernungs- und Zeitangaben sowie die Routenkarten, auf denen Wegweiser und die nächsten Zwischenziele zu sehen sind, helfen bei der Orientierung. Denken Sie daran, sich telefonisch oder im Internet über die Bus-, Zug- und Schiffverbindungen zu informieren – dann steht dem Wanderspass am Wasser nichts mehr im Weg.

Also auf zu neuen Ufern! Lernen Sie bei den gemütlichen Wanderungen entlang der Schweizer Gewässer ein neues Stück Heimat kennen und geniessen Sie das kühle Nass. Wir wünschen Ihnen dabei viel Vergnügen!

Routenübersicht

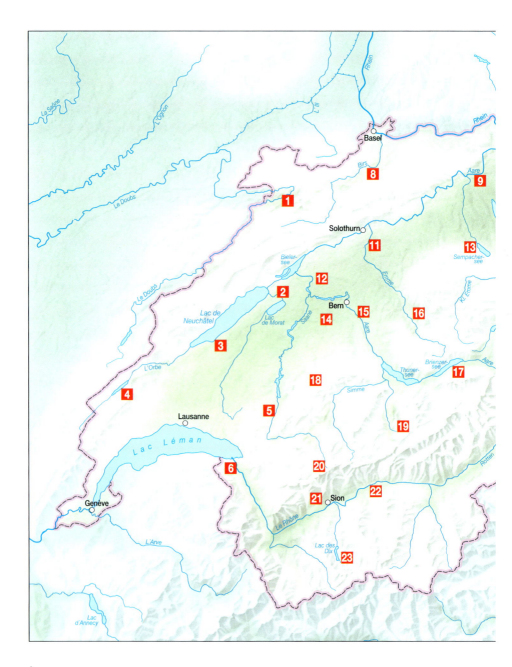

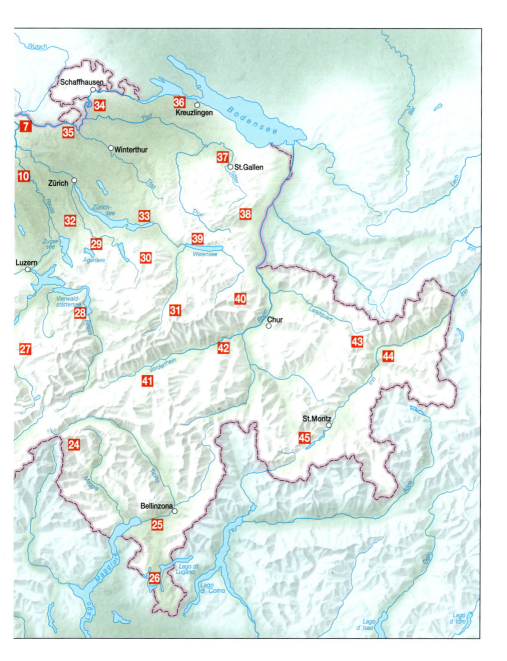

Inhaltsverzeichnis – 45 Wanderungen von Rhein und Bodensee bis zum Genfersee

Stunden   Seite

Romandie

1 Durch den Clos du Doubs
St-Ursanne – La Lomenne – Tariche – Passerelle de la Charbonnière – Soubey   4   6

2 Auf der ViaSalina den Broye-Kanal entlang
Murten – Muntelier – Sugiez – La Sauge   3   8

3 Im grössten Sumpfgebiet der Schweiz
Yverdon-les-Bains – Champ-Pittet – Noréaz – Refuge L'Escarbille – La Plage – Yvonand   3   10

4 In der Wiege der Uhrmacherkunst um den Lac de Joux
Le Pont – L'Abbaye – Bioux Dessus – Le Sentier – Le Rocheray – Le Lieu – Le Pont   6   12

5 Entlang der Sarine hoch zum mittelalterlichen Städtchen Gruyères
Bahnhof Grandvillard – Enney – Le Pont-qui-Branle – Gruyères – Broc   3   14

6 Spaziergang im Rhonedelta – von Villeneuve nach Le Bouveret
Villeneuve – Camping Les Grangettes – La Praille – Le Bouveret   2   16

Mittelland

7 Zum Zusammenfluss von Aare und Rhein und zum lautstarken Klingnauer Stausee
Bad Zurzach – Barz – Koblenz – Kraftwerk Klingnau – Gippingen – Klingnau   3½   18

8 Von Brislach durchs märchenhafte Chaltbrunnental
Brislach – Chaltbrunnental – Chessiloch – Chastelmatte – Steffen – Brislach   3½   20

9 Durch eine einmalige Auenlandschaft
Aarau – Giessenschachen – Brücke bei Rupperswil – Wildegg   2½   22

10 Von einem historischen Städtchen ins nächste
Bremgarten – Gnadental – Mellingen   3½   24

11 Vom Unterlauf der Emme in die Barockstadt Solothurn
Utzenstorf – Schloss Landshut – Kräiligensteg – Gerlafingen – Biberist – Luterbach – Solothurn   4   26

12 Entlang der Alten Aare
Lyss – Kappelen – Obergrien – Aarberg   1½   28

13 Von historischen Mauern zu geschützten Ufern
Sursee – Mauensee Schulhaus – Leidenberg – Renzlingen – Oberkirch – Mariazell – Sursee   3¾   30

14 Der Sense entlang
Haltestelle Schwarzwasserbrücke – Thörishaus – Neuenegg – Laupen   3½   32

15 Durch den Tierpark hinein ins Aaretal
Bern, Tierpark Dählhölzli – Auguetbrügg – Hunzigenbrügg – Parkbad – Münsingen   3½   34

16 Im Emmental
Eggiwil – Dieboldswil – Aeschau – Schüpbach – Signau   2½   36

Berner Oberland / Wallis

17 Entlang grüner Wasser hoch zum mondänen Grandhotel
Iseltwald – Giessbach – Grandhotel Giessbach – Engi – Aaregg – Brienz   3   38

18 In den Freiburger Voralpen
Schwarzsee, Gypsera – Schwarzsee Bad – Seeweid – Hubel Rippa – Schwarzsee, Gypsera   1½   40

19 Von Dunkelblau bis Türkis
Kandersteg – Bim Oeschinensee – Läger – Bergstation Oeschinensee – Kandersteg   3¼   42

20 «Dert hindä bim Louenesee»
Lauenen – Rohrbrügg – durchs Rohr – Rohrbrügg – Lauenen   2½   44

21 Entlang der Bisse de Lentine
Grimisuat – Bisse de Lentine – La Muraz   2   46

22 Pfynwald
Sierre – Pfynwald – Susten/Bahnhof Leuk   3¼   48

23 Eisige Wassermassen in der Walliser Bergwelt
Le Chargeur – Lac des Dix – Col de Riedmatten – Arolla   6¼   50

4

		Stunden	Seite

Tessin

24	**Im Quellgebiet der Maggia** Robièi – Lago di Robièi – Lago Bianco – Lago dei Cavagnöö – Robièi – Sursee	4	52
25	**Auf dem Sentiero Magadino** Bellinzona – Giubiasco – Bolle di Magadino – Magadino	4	54
26	**Grenzwandern am Lago di Lugano** Magliaso – Caslano – Ponte Tresa	1¾	56

Zentralschweiz

27	**Zu fantastischen Bergseen der Zentralschweizer Voralpen** Melchsee-Frutt – Bonistock – Tannalp – Tannensee – Melchsee-Frutt	3½	58
28	**Auf dem Weg der Schweiz den Urnersee entlang** Bauen – Isleten – Bolzbach – Seehof – Flüelen	2¾	60
29	**Geschichte in romantischer Kulisse** Unterägeri – Wilbrunnen – Nas – Schornen – Morgarten	2½	62
30	**Versteckter Bergsee** Innerthal – Hinter Bruch – Brandhaltli – Innerthal	3½	64
31	**Wo Industrie und Wasser zusammenspielen** Schwanden – Luchsingen – Rüti – Linthal	3	66

Region Zürich und Ostschweiz

32	**Im Säuliamt unterwegs zum Türlersee** Affoltern am Albis – Müliberg – Türlersee – Herferswil – Mettmenstetten	3¾	68
33	**An den Ufern des oberen Zürichsees** Rapperswil – Knies Kinderzoo – Kloster Wurmsbach – Bollingen – Schmerikon	2¾	70
34	**Von heiligen Mauern zum rauschenden Wasser** Marthalen – Kloster Rheinau – Dachsen – Laufen (– Neuhausen)	4	72
35	**Wo der Rhein eine markante Wende macht** Eglisau – Buchberg – Rüdlingen – Tössegg – Eglisau	4¼	74
36	**Auf der ViaRhenana** Ermatingen – Gottlieben – Kreuzlingen	2¼	76
37	**Entlang der Sitter** St. Josefen/Sittertobel – Leebrugg – Wannenbrugg – Bernhardzell	3¼	78
38	**Vom glasklaren Seealpsee hinauf zu den Wildkirchlihöhlen** Wasserauen – Seealpsee – Äscher – Wildkirchli/Wildkirchlihöhlen – Ebenalp – Wasserauen	3¾	80
39	**Mediterranes Klima, schäumende Wasser, idyllische Uferlandschaft** Quinten – Betlis – Weesen	3¾	82
40	**Der Klassiker am Pizol** Pizolhütte – Wildseeluggen – Schottensee – Schwarzsee – Baschalvasee – Gaffia	4¼	84
41	**Lag da Laus** Disentis/Mustér – Lag da Laus – Staziun Sumvitg-Cumpadials	5½	86
42	**Durchs Naturmonument Ruinaulta** Castrisch – Valendas Station – Versam-Safien Station	2½	88
43	**Zu den fantastischen Jöriseen in der alpinen Vereinalandschaft** Berghaus Vereina – Jöriseen – Jöriflesspass – Alp Fless Dadaint – Pass da Fless – Berghaus Vereina	6½	90
44	**An den Ufern des Inns** Lavin – Susch – Zernez	3	92
45	**In der Oberengadiner Seenplatte** Sils Maria – Isola – Maloja – Grevasalvas – Sils Maria	4¼	94

1

Durch den Clos du Doubs – von St-Ursanne nach Soubey

St-Ursanne – La Lomenne – Tariche – Passerelle de la Charbonnière – Soubey
16 km, 4 Std.

Der **Bahnhof von St-Ursanne** befindet sich etwas ausserhalb des kleinen Städtchens. Nach einem kurzen Fussmarsch nähern wir uns der wohl **schönsten und romantischsten Ortschaft** im Kanton Jura. **St-Ursanne** mutet **südwestfranzösisch** an und versprüht ein ganz besonderes Flair. Das **mittelalterliche Stadtbild**, die **drei Stadttore**, die **Kreuzgänge** sowie die **idyllische Lage am Doubs** ziehen jeden Besucher in ihren Bann – so auch uns. St-Ursanne blickt auf eine **bewegte Geschichte** zurück. Wir treffen auf klösterliche Mauern aus dem 12. Jahrhundert, streifen durch den gotischen Kreuzgang aus dem 14. Jahrhundert und in der romanischen Pfeilerbasilika machen wir die Bekanntschaft mit zwei Sarkophagen aus dem Hochmittelalter. Niemand würde einen solch **kulturhistorischen Reichtum** im Nordwesten der Schweiz vermuten!

Tief beeindruckt suchen wir das Ufer des Doubs auf, überqueren diesen über die **vierbogige Brücke** (1728), die vom **Brückenheiligen Nepomuk** beschützt wird. In einer weiten Schleife wandern wir dem lieblichen **Doubs-Ufer Richtung La Lomenne** entlang. Wir befinden uns in der Gegend des **Clos du Doubs, eines Naturschutzgebiets von nationaler Bedeutung.** Der Doubs, der hier einen 29 Kilometer langen Schwenker macht, bevor er zum **Grenzfluss** zwischen der Schweiz und Frankreich wird, hält Überraschungen parat: Einsame Ufer, Schluchten sowie Ruhe und Abgeschiedenheit zeichnen ihn aus. Zudem gedeiht hier in dieser ursprünglichen Umgebung eine reiche Flora.
Der Flusslauf zeichnet unseren Weg vor. Wir wandern flussaufwärts. Ab und zu kommen uns Kanufahrer entgegen. Wir wandern am kleinen **Weiler La Lomenne** vorbei und halten uns in Dessous-Montmelon **Richtung Tariche.** In den Sommer-

Schwierigkeitsgrad
Leichte Wanderung.

Richtzeit
Wanderzeit 4 Std.

An- und Rückreise
St-Ursanne ist gut mit der Bahn über Biel und Delémont erreichbar, von Basel aus gar direkt. Von Soubey fährt man mit dem Bus zurück nach St-Ursanne und steigt da auf die Bahn um.

Weitere Informationen
www.jura-tourisme.ch
www.closdudoubs.ch

Einkehrmöglichkeiten
Restaurants in St-Ursanne, in Tariche auf der anderen Seite des Flusses – eine Fähre kann beim Restaurant telefonisch geordert werden: 032 433 46 15. In Soubey empfiehlt sich das Hôtel du Cerf.

Tipp
Auch in Soubey gibt es vorzügliche Forellen!

Hinein ins romantische St-Ursanne

Manchmal im Wald, manchmal an der Sonne folgen wir dem Doubs. Wir überqueren die **Passerelle de la Charbonnière** und halten weiter auf unsere Ziel, **Soubey,** zu. Immer wieder kommen uns Kanus entgegen, denn in Soubey beginnen Tagestouren nach St-Ursanne.

Bald haben wir **Soubey** erreicht und setzen uns auf das Brückengeländer, während wir auf den Bus zurück nach St-Ursanne warten.

monaten kann es vorkommen, dass der Doubs so wenig Wasser führt, dass die Kanus nicht mehr fahren können. Dafür kann er in regenreicheren Zeiten durchaus auch mal über die Ufer treten.

In Tariche angekommen machen wir uns beim **Restaurant Tariche** (032 433 46 15) entweder durch Rufen oder durch ein kurzes Telefonat bemerkbar, denn die Spezialität des Doubs ruft: Wir werden mit einer Fähre abgeholt und unter den Linden verspeisen wir eine herrliche **Doubs-Forelle** und geniessen dabei die herrliche Umgebung. Mit vollem Bauch lassen wir uns wieder auf die andere Seite des Doubs übersetzen und wandern weiter **Richtung Passerelle de la Charbonnière**. Am Doubs wird es nie langweilig, denn die vielen Schlaufen öffnen immer wieder neue Einblicke auf den Fluss und in die Landschaft.

Standort Wanderwegweiser

Zum nächsten Zwischenziel

1. St-Ursanne
2. La Lomenne
3. Tariche
4. Passerelle de la Charbonnière
5. Soubey

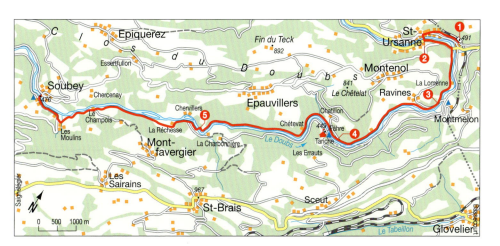

2

Auf der ViaSalina den Broye-Kanal entlang

Murten – Muntelier – Sugiez – La Sauge 12,5 km, 3 Std.

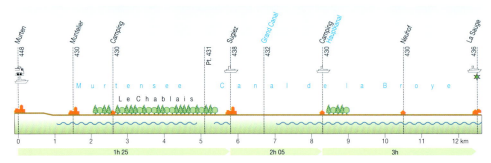

Im über 800 Jahre alten **Zähringerstädtchen Murten** treffen wir auf bewegte Geschichte: Die **begehbare Ringmauer,** die von **Herrschaftshäusern** gesäumte Hauptgasse, das **Murten Museum,** die **Lauben** und **Seitengassen** halten viel Spannendes für uns parat.

Wir ziehen hinunter an den See und lassen das geschichtsträchtige Städtchen hinter uns. Wir wandern am Ufer des Murtensees entlang **Richtung Muntelier.** Lebhaft ist das Treiben sowohl an Land wie auf dem Wasser. Kinder füttern die Haubentaucher, die mit lautem Geschnatter auf sich aufmerksam machen, und viele Segelschiffe ziehen ihre Bahnen. Im Hintergrund erhebt sich der **Mont Vully,** wo edle Tropfen reifen. Früher galt der **Hafen von Murten** als **vorgelagerter Hafen Berns.** Man transportierte von Neuenburg nach Murten **Salz,** das **weisse Gold,** das in Murten auf Saumtiere und Fuhrwerke gepackt und nach Bern geschafft wurde. Auf unserer heutigen Wanderung begehen wir ein Stück der **ViaSalina,** die sich von **Salins-les-Bains,** später von **Arc-et-Senans in der Franche-Comté, nach Bern** erstreckte.

Wir passieren Muntelier, das eine eigenständige Gemeinde bildet. **Pfahlbauer** besiedelten die Flachufer des Sees. Ausgrabungen belegen, dass im **Frühjahr des Jahres 3867 v. Chr.** bereits das erste Dorf gebaut wurde – Muntelier wird deshalb als das **älteste datierte Dorf Europas** bezeichnet. Wir wandern am Campingplatz vorbei und weiter **Richtung Sugiez.** Wir passieren die Panzersperren und tauchen ein in den schönen Wald **Le Chablais.** Beim Punkt 431 halten wir uns links und gelangen an den **Broye-Kanal,** dem wir im weiteren Verlauf unserer Wanderung folgen. Wir las-

Schwierigkeitsgrad
Leichte Wanderung.

Richtzeit
Wanderzeit 3 Std.

An- und Rückreise
Murten ist gut mit der Bahn über Kerzers erreichbar. Vom Naturschutzzentrum La Sauge kann man mit dem Schiff nach Murten, Neuenburg oder Biel zurückfahren. Fahrplan unter: www.navig.ch, www.bielersee.ch. An Feiertagen und am Wochenende gibt es einen Bus mit Platzreservierung auf der Linie Ins – La Sauge – Cudrefin (Reservation eine Stunde vorher obligatorisch: 079 632 09 62).

Weitere Informationen
http://www.birdlife.ch/lasauge

Einkehrmöglichkeiten
Restaurants in Murten, Muntelier, Les Trois Lacs in Sugiez (März – Oktober) und die Auberge la Sauge.

Tipp
Weitere Infos zur ViaSalina: «Auf historischen Wanderrouten unterwegs durch die Schweiz», Bd. 3, Coop Presse Buchverlag.

sen die Brücke links liegen und folgen dem Wegweiser zum **Camping Les Trois Lacs.** Linker Hand erhebt sich der Mont Vully.

Der **Broye-Kanal** wurde im Zuge der **ersten Jura-Gewässerkorrektur** (von 1868 bis 1891) erbaut und ermöglichte die **Schifffahrt** zwischen **Murten- und Neuenburgersee.** Der Kanal wird von einem dichten Grüngürtel gesäumt und bietet für zahlreiche Pflanzen und Tiere einen idealen Lebensraum. Wer mag kann beim **Camping Les Trois Lacs** einkehren und sich stärken.

Ruhige Wasser im Broye-Kanal

Unser Weg zeichnet eine sanfte Wellenlinie vor und wir gelangen bald ans **Ende des Broye-Kanals,** der hier in den Neuenburgersee mündet. Wir erreichen das **Naturschutzzentrum La Sauge,** das den Eingang zu einem Stück Paradies markiert. Flachwasserzonen, Schilfgürtel, eine reiche Vogelwelt, Sandbänke, Waldgebiete und Inseln laden zur Erkundung ein. Wir lassen uns in der **Auberge La Sauge** nieder und besteigen danach das **Schiff** nach **Neuenburg** oder nach **Murten.**

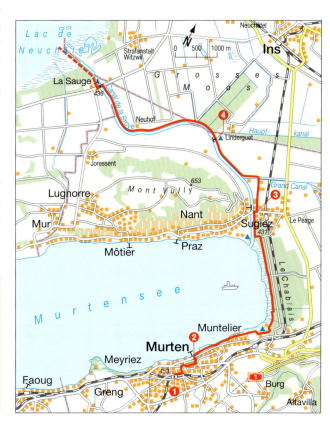

Standort Wanderwegweiser

Zum nächsten Zwischenziel

❶ Schiffstation
❷ Sugiez
❸ Camping Les Trois Lacs
❹ La Sauge

3

Im grössten Sumpfgebiet der Schweiz, von Yverdon-les-Bains nach Yvonand

Yverdon-les-Bains–Champ-Pittet–Noréaz–Refuge L'Escarbille–La Plage–Yvonand
12 km, 3 Std.

Am südlichen Ende des Neuenburgersees, in **Yverdon-les-Bains,** starten wir mit unserer Wanderung durch das **grösste Seefeuchtufergebiet der Schweiz.** Die Grande Cariçaie ist ein Naturjuwel, in welchem über 1000 Tierarten und ca. 3766 Pflanzenarten zuhause sind. Entlang des Westufers des Neuenburgersees schlängelt sich dieses Schutzgebiet über eine Uferlänge von **40 km.** Uferwälder und bewaldete Steilhänge des alten Seeufers säumen diesen langen Schal aus Sumpfgebiet. Der Name «Grande Cariçaie» stammt von der hier am meisten verbreiteten Pflanze, der **Steifen Segge (Carex elata),** die auf Französisch **«le grand carex»** heisst.

Vom **Bahnhof von Yverdon-les-Bains** begeben wir uns an den See und wandern **Richtung Champ-Pittet.** Die Stadt schaut auf eine lange und bewegte historische Vergangenheit zurück. Gebäude, Gassen sowie die bekannten Thermalbäder berichten davon. Schon in der Zeit des **Römischen Reiches** badeten hier Kurgäste in profanen Holzbecken. **1728** entschied sich die Stadt zu einem Neubau der Bäder. Yverdon-les-Bains wurde weit über die Grenzen hinaus bekannt. In den Wirren der Französischen Revolution verlor das Bad an Popularität. Heute, nach vielen Jahren der Unsicherheiten, erfreuen sich die Bäder wie auch das **Grand-Hôtel des Bains** grosser Beliebtheit und wer mag, kann am Ende unserer Wanderung nach Yverdon-les-Bains zurückkehren und den Tag in einem sprudelnden Becken beschliessen.

Bevor wir aber ans Ausruhen denken, wandern wir zum **Pro Natura Zentrum in Champ-Pittet.** Wir überqueren die Gleise und gelangen bald zum alten Schloss, wo das Pro Natura Zentrum untergebracht ist. Hier werden uns Fauna, Flora, Entste-

Schwierigkeitsgrad
Leichte Wanderung.

Richtzeit
Wanderzeit 3 Std.

An- und Rückreise
Yverdon-les-Bains ist gut mit der Bahn erreichbar. Für die Rückreise von Yvonand empfiehlt sich ebenfalls der Zug oder mit dem Schiff über den Neuenburgersee.

Weitere Informationen
www.grande-caricaie.ch
www.pronatura.ch/champ-pittet
www.yverdonlesbains-tourisme.ch

Einkehrmöglichkeiten
In La Plage beim Strandbad in Yverdon-les-Bains, im Naturschutzzentrum Champ-Pittet und im Le Colbet im Hafen von Yvonand.

Tipp
Es lohnt sich, einen Feldstecher im Rucksack mitzuführen. Diese Wanderung ist Teilstück der «3-Seen-Wanderung».

Bald wird in See gestochen!

hungsgeschichte, Unterhalt des Schutzgebietes und vieles mehr auf anschauliche Weise und in wechselnden Ausstellungen erklärt: **Naturgeschichte zum Anfassen!** Wir geniessen diese idyllische Umgebung bei einem Kaffee im zentrumseigenen Café. Anschliessend wandern wir ein wenig zurück, um uns dann links (Wegweiser 2) nach **Noréaz** zu halten. Der Weg steigt sachte an und führt uns durch eine **riesige Obstplantage,** die sich nach Noréaz noch fortsetzt und die wir weiter **Richtung Villars-Epeney** (Wegweiser 3) durchqueren. Bald gelangen wir in den Wald **Bois Jordan,** der uns nach dem Aufstieg Schatten spendet. Wir queren den Höhenrücken, der sich entlang dem Neuenburgersee erstreckt. Immer wieder öffnen sich uns **herrliche Ausblicke** zum **Jura** und über den **Neuenburgersee.**
Bei der Abzweigung nach Villars-Epeney halten wir weiter geradeaus, wandern entlang einer Lichtung und steigen durch den Bois du Crau langsam zum **Refuge d'Escarbille** hinunter. Wir durchstreifen diese ursprüngliche Natur und geniessen dabei die herrliche Geräuschkulisse.
Beim Refuge d'Escarbille halten wir gegen **Yvonand** zu und überqueren kurz vor **La Plage** erneut die Bahngleise und wandern in Seenähe nach Yvonand, wo sich ein kleiner Abstecher zum **alten Hafen** auf jeden Fall lohnt. In den Verlandungszonen des Sees nisten Tausende von Wasservögeln – ein Hör- und Schauspiel sondergleichen. Zurück in **Yvonand** beenden wir unsere Wanderung am Bahnhof, wo wir unsere Heimreise antreten.

Standort Wanderwegweiser

Zum nächsten Zwischenziel

1. Champ-Pittet
2. Noréaz
3. Villars-Epeney
4. Yvonand
5. Refuge d'Escarbille
6. Yvonand

4

In der Wiege der Uhrmacherkunst um den Lac de Joux

Le Pont – L'Abbaye – Bioux Dessus – Le Sentier – Le Rocheray – Le Lieu – Le Pont
22,5 km, 6 Std.

Im Brückendorf **Le Pont,** das den **Lac Brenet** mit dem **Lac de Joux** verbindet, starten wir unsere Seeumrundung des **grössten Wasserspiegels** des Juramassivs, des **Lac de Joux.** Im Sommer tummeln sich viele Wassersportbegeisterte. Vor allem Segler und Surfer kommen auf ihre Kosten, denn sie profitieren von den Jurahöhen: Die herabfallenden Winde bescheren einzigartige Bedingungen, um rasant über den Lac de Joux zu gleiten. Im Winter verwandelt sich das Vallée de Joux in eine märchenhafte Kulisse, die auf dem **zugefrorenen Lac de Joux** genossen werden kann.
Bei warmem Wetter und strahlendem Sonnenschein ziehen wir am **Bahnhof von Le Pont** los Richtung **L'Abbaye.** Der Weg verläuft am Ufer des Lac de Joux entlang und wir geniessen die kräftigen Farben. Auf der anderen Uferseite zieht sich ein Waldgürtel entlang des Sees. Bei **La Sauvagère** zweigt unser Wanderweg **rechts** ab und orientiert sich am Uferverlauf.
Wir passieren den **kleinen Weiler Vers le Moulit** und verlassen bei **Vers chez Aron** für kurze Zeit den See Richtung **L'Orient par Les Bioux Dessus.** Sachte steigt der Weg an und wir gewinnen langsam an Höhe. Blicken wir uns um, haben wir eine wunderbare Aussicht auf den dunkelblauen Lac de Joux und die umliegenden Jurahänge.
Vor Bioux Dessus zeigt uns der Wegweiser die **Richtung nach Le Sentier** an. Wir queren den Hang und beginnen bei Jolimont mit dem Abstieg hinunter nach **Le Sentier.** Die Weiden sind saftig. Auf den Alpweiden des **Mont d'Or** im Vallée de Joux wird die Milch für den berühmten **AOC-Käse Vacherin Mont d'Or** gewonnen, der einzig im **Vallée de Joux** und auch nur **während der Wintermonate** produziert wird – eine wahre Delikatesse!
Vor Le Sentier überqueren wir die **Orbe,** die hier in den Lac de

Schwierigkeitsgrad
Mittelschwere Wanderung. Bis Le Rocheray leichte Wanderung.

Richtzeit
Wanderzeit 6 Std.

An- und Rückreise
Le Pont ist gut mit der Bahn mit Umsteigen in Lausanne und Le Day erreichbar. Den Heimweg treten wir ebenfalls über Le Day an. Wer in Le Rocheray die Wanderung beendet, fährt mit der Bahn über Le Day heim.

Weitere Informationen
www.myvalleedejoux.ch
www.genferseegebiet.ch

Einkehrmöglichkeiten
In den Ortschaften und beispielsweise im Restaurant Bellevue in Le Rocheray.

Tipp
Im Sommer verkehrt ein Kursschiff auf dem Lac de Joux.

Der Lac de Joux in dunklem Blau

Joux mündet. Sie verlässt das Vallée de Joux nicht durch einen oberirdischen Abfluss, sondern tritt in der Nähe von Vallorbe **unterirdisch** aus. Wir durchstreifen ein kleines, etwas mooriges Waldstück, das **Naturschutzgebiet Tête de Lac**. Wir folgen dem Wegweiser nach **Le Rocheray** und lassen Le Sentier am südlichen Ende des Lac de Joux hinter uns und begeben uns auf die andere Seeseite. Wir halten uns wieder dicht an das schöne Ufer und wandern gemütlich nach **Le Rocheray**. Hier legen wir im Restaurant Bellevue eine Rast ein oder beenden unsere Wanderung nach 3¾ Stunden und treten den Heimweg per Bahn an.

Gestärkt machen wir uns auf und halten uns **Richtung Les Esserts-de-Rive**. Die Bäume spenden uns Schatten und wir wandern in leichtem Auf und Ab dem Lac de Joux entlang. Die beschauliche Umgebung, der liebliche See sowie die weichen Jurahügelzüge regen zur Inspiration an: Kein Wunder also, dass im Vallée de Joux die traditionsreichen Uhrenmanufakturen Piguet, Blancpain, Jaeger-Le Coultre und Breguet zuhause sind. Sie schaffen Uhren, die in ihrer Einzigartigkeit und Vielfalt in der Ausstattung (Komplikationen) unübertroffen sind.

So wandern wir weiter in dieser wunderbaren Naturkulisse, durchstreifen **Les Esserts-de-Rive** und folgen dem Weg weiter nach **Le Lieu**. Entlang des bewaldeten Hangs Le Revers geht es weiter bis ans Nordende des Sees, nach **Le Pont**. Unterwegs erhaschen wir immer wieder schöne Blicke auf den See. In **Le Pont** angekommen machen wir uns per Bahn auf die Heimreise und verlassen das schöne Vallée de Joux im Waadtländer Jura.

Standort Wanderwegweiser

Zum nächsten Zwischenziel

❶ L'Abbaye
❷ Bioux (Bord du Lac)
❸ L'Orient par Les Bioux Dessus
❹ Le Sentier
❺ Le Rocheray
❻ Les Esserts-de-Rive
❼ Le Lieu
❽ Le Pont

5

Entlang der Sarine hoch zum mittelalterlichen Städtchen Gruyères

Bahnhof Grandvillard – Enney – Le Pont-qui-Branle – Gruyères – Broc 12 km, 3 Std.

Der **Bahnhof von Grandvillard** liegt etwas ausserhalb des Dorfes. Wir wandern vom kleinen Bahnhof an die **Sarine (Saane)** hinunter und halten uns vor der Brücke **links**. Die hügelige Gegend der Freiburger Voralpen lädt wahrlich zum Wandern ein und die schöne Uferlandschaft ist eine willkommene Weggefährtin.

Kurz vor dem ersten Campingplatz treffen wir auf einen Wegweiser, der uns die **Richtung nach Gruyères** anzeigt, und auf eine erste Einkehrmöglichkeit. Noch fühlen wir uns fit und wandern nach **Enney**. Beim **Punkt 708** halten wir uns **links**, folgen ein kurzes Stück der Strasse und anschliessend dem Wegweiser nach **rechts Richtung Les Marches**. Unser Weg verläuft etwas abseits von der Sarine. Alsbald treffen wir auf einen kleinen Weiler, wo wir nach rechts gehen und die Sarine überqueren. Nun geht es

Richtung Le Pont-qui-Branle, zur Brücke, die wackelt, und durch einen schönen Auenwald. Holzbänke laden zu einer kurzen Rast und wir geniessen die herrliche Stille.

Bei **Le Pont-qui-Branle** angekommen überqueren wir erneut die Sarine und wandern ins **mittelalterliche Städtchen Gruyères** hinauf, das auf einem Felssporn mit vorzüglicher Aussicht liegt. Was wir heute als wunderschön empfinden, war früher der ideale Schutz, denn herannahende Feinde konnten schon von Weitem ausgemacht werden. Etwas ausser Atem kommen wir in Gruyères an. Das **Schloss (13. Jahrhundert), die fantastische Welt HR Gigers im Giger-Museum,** die **blumengeschmückten Gassen** und die **leckeren Meringues mit Doppelrahm** laden zum Rasten und Geniessen ein.

Schwierigkeitsgrad
Leichte Wanderung.

Richtzeit
Wanderzeit 3 Std.

An- und Rückreise
Grandvillard ist gut mit der Bahn über Palézieux erreichbar. Wenn man über Fribourg und Bulle fährt, muss man in Bulle auf den Bus Richtung Grandvillard umsteigen. Von Broc fährt der Bus zurück nach Bulle, da umsteigen auf die Bahn Richtung Fribourg.

Weitere Informationen
www.la-gruyere.ch
www.cailler.ch

Einkehrmöglichkeiten
Buvette Camping Haute-Gruyères (kurz vor Enney), Restaurants in Gruyères und am Bahnhof von Gruyères, Buvette Camping Les Sapins, weitere Restaurants in Broc.

Tipp
Wer das Giger-Museum (nicht für Kinder geeignet) in Gruyères oder die Schokoladenfabrik in Broc besichtigen möchte, sollte unbedingt mehr Zeit einplanen.

Wo die Saane La Sarine heisst

schönsten Kapellen des Kantons Fribourg zählt. Wer Zeit und Musse hat, kann quasi als Dessert die **Schokoladenfabrik Maison Cailler** in Broc besichtigen. Nach der interaktiven Tour durch die Fabrik wartet eine **Degustation** auf die Besucher, die ein **kulinarisches Feuerwerk** verspricht. Interessierte können sich auf www.cailler.ch informieren und für eine Besichtigung anmelden. Glücklich und gesättigt spazieren wir von der Schokoladenfabrik Cailler zurück zur **Bushaltestelle Broc,** wo wir unsere Heimreise über Bulle und Fribourg antreten.

Mit vollem Bauch schlendern wir den Schlossberg hinunter **Richtung Bahnhof (Gare)** und **Le Pâquier**. Wir überqueren die Gleise und halten uns nach dem Bahnhof rechts zum Bach **Albeuve**. Er schlängelt sich lieblich durch die Landschaft und wir folgen ihm im weiteren Verlauf unserer Wanderung. Kurz nach dem **Campingplatz Les Gottes d'Avau** mündet der **Albeuve** in die **La Trême,** die uns bis an die Dorfgrenzen **Brocs** führt, wo sie in die Sarine fliesst. Hier überqueren wir den Fluss und wandern hinein ins Dorfzentrum von **Broc.** Am Fusse des **Dent de Broc** erhebt sich die **Chapelle de Notre-Dame des Marches** (Anfang 18. Jahrhundert), die zu den

Standort Wanderwegweiser

Zum nächsten Zwischenziel

1. Gruyères
2. Les Marches
3. Le Pont-qui-Branle
4. Gruyères
5. Gare
6. Le Pâquier

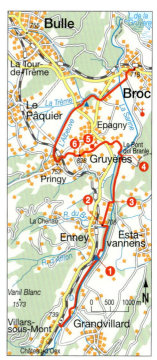

6

Spaziergang im Rhonedelta – von Villeneuve nach Le Bouveret

Villeneuve – Camping Les Grangettes – La Praille – Le Bouveret 8½ km, 2 Std.

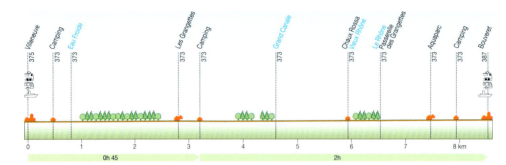

Vom Bahnhof **Villeneuve** streifen wir durch das sehenswerte Städtchen, das sich sein ursprüngliches Bild bewahrt hat. Neben Montreux fristet Villeneuve beinahe ein Schattendasein, uns wird aber sofort klar, dass Villeneuve jederzeit einen Besuch lohnt. Die **engen Gassen, das Maison de Ville,** das **ehemalige Hospiz der Marienkirche Notre Dame** und die herrliche Lage lassen keine Langweile beim Stadtbummel aufkommen. Wir schlendern also durch die schönen Strassen dem Ufer des Genfersees zu. Es geht an der Schiffsanlegestelle vorbei **Richtung Les Grangettes.** Der Uferweg öffnet uns immer wieder wunderbare Blicke über den tiefblauen **Lac Léman,** wo sich viele Wassersportbegeisterte tummeln.
Wir überqueren das kleine Flüsschen **Eau Froide** und betreten das **wunderbare Auengebiet Les Grangettes,** das unter Na-

turschutz steht. Der Uferwald setzt sich aus Erlen, Eschen, Birken, Ahorn und Eichen zusammen und bietet uns kühlen Schatten. Schachtelhalme verleihen der Gegend eine gewisse Ursprünglichkeit, die eine Vielzahl von **Wildtieren** geniesst: Rehe, Füchse, Biber, Wildschweine, Hasen und Dachse sind hier zuhause. Für die akustische Kulisse sorgen die vielen **Vogelarten,** die in Les Grangettes heimisch oder auf der Durchreise gegen Süden bzw. gegen Norden sind. Ein Besuch zu früher Morgenstund lohnt sich für alle Vogelbegeisterten!

Wir durchqueren den **Campingplatz Les Grangettes,** wo wir im Camping-Restaurant eine kleine Rast einlegen könnten. Alsbald gelangen wir dicht an den Genfersee und folgen dem Uferweg weiter zur Einmündung des **Grand Canal.** Wir halten uns links und wandern entlang des Kanals bis zum Steg, wo wir den Grand Canal überqueren. Linker Hand streifen wir den klei-

Schwierigkeitsgrad
Leichte Wanderung.

Richtzeit
Wanderzeit 2 Std.

An- und Rückreise
Villeneuve liegt an der Bahnlinie Montreux – Martigny. Von Le Bouveret steigt man in den Sommermonaten am besten aufs Schiff um, um die Rückreise nach Villeneuve in Angriff zu nehmen. Von Le Bouveret besteht auch eine Postautoverbindung zurück nach Montreux oder Bahnanschluss nach St-Maurice mit Anschluss an die Rhonetal-Bahnlinie.

Weitere Informationen
www.villeneuve-tourisme.ch
www.genferseegebiet.ch
www.aquaparc.ch
www.swissvapeur.ch

Einkehrmöglichkeit
Restaurant beim Campingplatz Les Grangettes.

Herrliche Uferlandschaft am Rhonedelta

nen renaturierten Kiesgrubenweiher von **La Praille**. Hier und in den anderen kleinen Seen leben neun Amphibienarten, darunter die letzten Laubfrösche des Rhonedeltas. Rechter Hand entdecken wir einen weiteren Weiher und stellen uns das abendliche Quak-Konzert vor. Wir passieren **Chaux Rossa** und tauchen wieder in den schönen Auenwald ein. Bald erreichen wir das Rhoneufer, wo wir uns links zur **Passerelle des Grangettes** halten und die Rhone überqueren.

Auf befestigter Strasse wandern wir ca. 400 Meter weiter geradeaus und biegen dann links ab. Dieser Weg bringt uns wieder ans Ufer des Genfersees, wo wir auf den **Aquaparc** treffen. Rasante Rutschpartien, Wellenreiten und Wasserspass pur warten darauf, von Gross und Klein entdeckt zu werden. Wer hier das kühle Nass geniessen möchte, sollte unbedingt die Badehose in den Rucksack packen. Wir widerstehen der Versuchung und wandern **Richtung Le Bouveret** weiter, wo die nächste Sehenswürdigkeit nicht lange auf sich warten lässt: der **Swiss Vapeur Parc.** Hier legt sich dem Besucher das Eisenbahn-Land Schweiz en miniature zu Füssen! Tunnel, dampfende Eisenbahnen, Viadukte und Brücken lassen jedes Bähnler-Herzen höher schlagen.

Gemächlich wandern wir zum **Bahnhof bzw. zur Schiffsanlegestelle von Le Bouveret** weiter. Hier entscheiden wir uns, ob wir per Bahn oder Schiff den Rückweg nach **Villeneuve** antreten wollen. Wer sich fürs Schiff entscheidet, kann das **beeindruckende Rhonedelta** nochmals bewundern.

Standort Wanderwegweiser

Zum nächsten Zwischenziel

1. Villeneuve Port
2. Les Grangettes
3. Bouveret
4. Passerelle des Grangettes
5. Le Bouveret

7

Zum Zusammenfluss von Aare und Rhein und zum lautstarken Klingnauer Stausee

Bad Zurzach – Barz – Koblenz – Kraftwerk Klingnau – Gippingen – Klingnau
14,5 km, 3½ Std.

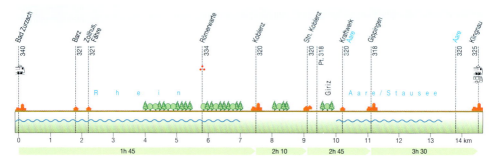

Ein Konzert der besonderen Art erwartet uns auf dieser Wanderung. Wir starten im bekannten **Badeort Bad Zurzach** am Bahnhof und lassen die lockende Thermalquelle hinter uns. **1914** wurden Sondierbohrungen durchgeführt, um in tieferen Schichten das Salzlager abzutasten. Dabei wurde aber ein ganz anderer Schatz entdeckt: Plötzlich schoss warmes Wasser aus dem Bohrloch – die **Thermalquelle** von Bad Zurzach ward gefunden.

Wir folgen dem Wegweiser **Richtung Barz** und gelangen sogleich ans Rheinufer. Auf der anderen Seite erstreckt sich bereits Deutschland. Der Rhein zeichnet weiche Schlaufen und wir wandern flussabwärts dem linken Ufer entlang und geniessen dabei die **schöne Uferlandschaft**. Bei **Barz** treffen wir auf unsere nächste Orientierungshilfe und halten weiter auf **Koblenz** zu. Wir kommen ins sumpfige Gebiet des **Chli Ri**. In einer weiten Schlaufe gelangen wir in den schönen Wald des Laubbergs, der schützend vor Koblenz steht. In kühlem Schatten setzen wir unsere Wanderung fort und erreichen bald **Koblenz**. Der Name des Dorfes geht auf das **lateinische Confluentia** (dt. Zusammenfluss) zurück. Und dieser Zusammenfluss der beiden grossen Flüsse Rhein und Aare ist es auch, der Koblenz sehenswert macht. In dieser einzigartigen **Flussau** treffen wir auf eine **vielfältige Flora, wild fliessende Flussarme sowie auf Tiere,** die sich diese Landschaft zurückerobert haben.

Wir durchstreifen Koblenz und wandern durchs **Giriz**. Beim **Punkt 318** gehen wir scharf **rechts** und gelangen ans Aareufer, dem wir im weiteren Verlauf nach links zum **Kraftwerk Klingnau** folgen. Alsbald überqueren wir die Staumauer, halten uns links und gelangen sofort ins **Naturschutzgebiet** des Stausees. Von lieblichem Pfeifen bis hin zu aufgeregtem Entenge-

Schwierigkeitsgrad
Leichte Wanderung.

Richtzeit
Wanderzeit 3½ Std.

An- und Rückreise
Bad Zurzach ist gut mit der Bahn über Baden oder Brugg AG erreichbar. Ab Brugg fährt auch ein Bus nach Bad Zurzach. In Klingnau fährt die Bahn über Turgi, Olten oder über Baden zurück.

Weitere Informationen
www.badzurzach.ch
www.klingnau.ch
www.klingnauerstausee.ch

Einkehrmöglichkeiten
Restaurants in Bad Zurzach, Klingnau und Koblenz, Restaurant Oase am Stausee.

Tipp
Wer die Vögel eingehend beobachten möchte, tut gut daran, einen Feldstecher einzupacken.

Einzigartiger Konzertsaal – Klingnauer Stausee

schnatter erstreckt sich der Vogelgesang, der sich zu einem grandiosen Naturkonzert vereint. Das Naturschutzgebiet stellt einen einzigartigen Lebensraum für Wasser- und Zugvögel dar und verdient unsere besondere Achtsamkeit. **1935** wurde der Stausee erbaut und das Vogelparadies geschaffen. Am westlichen Ufer steht der 2004 errichtete **Beobachtungsturm**, der uns einen einmaligen Blick über die See- und Flusslandschaft gewährt. **Informationstafeln** helfen uns die Seebewohner zu identifizieren und geben uns einen Überblick über die aktuell anwesenden Vogelarten.

Wir schlendern entlang des Ufers und lassen uns von der Natur verzaubern. Ab und zu werden wir von Fahrradfahrern oder Skatern überholt, die den Rundkurs um den Stausee befahren. Wir passieren **Gippingen,** die Felder von Leuggern und überqueren bei **Kleindöttingen** erneut die Aare, um in das schöne **Städtchen Klingnau,** das im **13. Jahrhundert** von **Ulrich von Klingen** erbaut wurde, zu gelangen. Weinreben umrahmen Klingnau, das sich am Fusse des **Achebergs** erstreckt. Die **Weinbautradition** von Klingnau geht auf das **13. und 14. Jahrhundert** zurück. Am besten lässt man sich die Geschichte des Weines bei einem Glas des heimischen **Blauburgunders** in einem urchigen Klingnauer Restaurant erzählen. Voller Eindrücke machen wir uns sodann per Bahn auf den Heimweg.

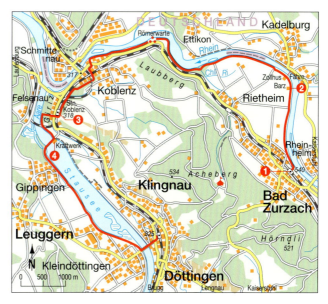

Standort Wanderwegweiser

Zum nächsten Zwischenziel

1. Barz
2. Koblenz
3. Kraftwerk Klingnau
4. Döttingen 1 Std.

Von Brislach durchs märchenhafte Chaltbrunnental

Brislach – Chaltbrunnental – Chessiloch – Chastelmatte – Steffen – Brislach
11,5 km, 3½ Std.

An der Haltestelle **Brislach Oberdorf** steigen wir aus dem Postauto und schauen uns ein wenig um. Die **Dorfkirche** gilt als ein besonders schönes Beispiel des **Spätbarocks**. Die **Deckengemälde der vier Evangelisten** entdeckte man 1976 anlässlich von Restaurierungsarbeiten. Einst gehörte Brislach sowie das gesamte Laufental zum Kanton Bern, wechselte aber 1994 zum Kanton Basel-Landschaft. Die Besiedlungsgeschichte geht bis in die Steinzeit zurück, als sich Menschen im **Chaltbrunnental** niederliessen, dazu aber später mehr!
So starten wir mit unserer Rundwanderung und schlagen die Richtung zum Chaltbrunnental ein. Wir wandern entlang einer Hecke durch den **Wolfgarten** über die **Neumatt** hinein in den Wald. Sogleich überqueren wir das **Schällbächli** und ein wenig später den **Dürrbach**. Die **Ibach-Brücke** markiert den Eingang ins Chaltbrunnental. Wir halten uns **links Richtung Chessiloch**. Der Ibach sprudelt munter neben uns her und wir folgen ihm in Fliessrichtung.
Moosbewachsene Steine, tief hängende Äste, eine vielfältige Flora und die wundersame Stille verleihen dem Chaltbrunnental eine **mystische Atmosphäre**. Man würde sich nicht wundern, wenn Zwerge, Gnome, Hobbits und andere Fabelwesen plötzlich auftauchen würden. Immer wieder wechseln wir über kleine Brücken das Ufer. Der dichte Wald öffnet sich und wir entdecken die drei **Steinzeithöhlen**, die **Chastelhöhle**, die **Köhlerhöhle** sowie die **Bättlerchuchi**. Ein vorzügliches Plätzchen haben sich unsere Vorfahren hier ausgesucht. Wer mit einer Taschenlampe ausgerüstet ist, kann sich ein klareres Bild von den Höhlen machen und die Behausungen längst vergessener Tage genauer unter die Lupe nehmen.
Am Ibach erholen wir uns ein wenig und lassen die Eindrücke wirken. Ausgeruht streifen wir weiter durchs Chaltbrunnental und erreichen bald das **Chessiloch**, wo der Ibach in die Birs

Schwierigkeitsgrad
Mittelschwere Wanderung.

Richtzeit
Wanderzeit 3½ Std.

An- und Rückreise
Brislach ist ab Zwingen mit dem Bus erreichbar (bitte Fahrplan beachten). Zwingen erreicht man bequem per Bahn über Basel oder über Biel, Delémont. Die Heimreise erfolgt in umgekehrter Richtung.

Weitere Informationen
www.baselland-tourismus.ch
www.schwarzbubenland.com
www.liestal.ch

Einkehrmöglichkeiten
Restaurant Chaltbrunnental, verschiedene Restaurants in Brislach.

Mystische Landschaft erwartet uns

mündet. Wir halten uns rechts und gelangen zu einem grossen Felsen, wo **Wappen und Bilder** prangen. Sie erinnern an die **Grenzbesetzung** während der beiden **Weltkriege.** Entlang der Bahnlinie und der Birs verläuft unsere Route weiter und wir erreichen die **Chastelmatte,** wo wir uns rechts halten und dem **Chastelbach** bachaufwärts **Richtung Steffenschmitten** folgen. Wieder finden wir uns in **kühlem und dichtem Wald,** der in seiner besonderen Art jenem des Chaltbrunnentals ähnelt. Geologisch gesehen befinden wir uns aber im **Grenzgebiet des Tafel- und Faltenjuras** und entdecken vielfältige **Gesteinsschichtungen.**

Immer wieder springen wir über den Chastelbach und gewinnen dabei sanft, aber stetig an Höhe. Plötzlich lichtet sich der Wald kurz und wir wandern über die **Steffenschmitten** nach Steffen, wo wir uns Richtung **Chaltbrunnental** halten. Über die schönen Wiesen wandern wir hinunter und erreichen bald die **Ibach-Brücke,** wo wir vor etwa 3 Stunden ins Chaltbrunnental eingetreten sind. Durch den Wald und die Neumatt kehren wir nach **Brislach** zurück und treten per Postauto unsere Heimreise an.

Standort Wanderwegweiser

Zum nächsten Zwischenziel

❶ Chaltbrunnental
❷ Chessiloch
❸ Grellingen
❹ Steffenschmitten
❺ Chaltbrunnental
❻ Brislach

9

Durch eine einmalige Auenlandschaft – von Aarau nach Wildegg

Aarau – Giessenschachen – Brücke bei Rupperswil – Wildegg 10,5 km, 2½ Std.

Die Bedeutung des Stadtnamens, die **«Wiese an der Aare»,** verrät es bereits: Seit jeher prägt die Aare das Stadtbild sowie das Leben der Aarauer. **König Rudolf I. von Österreich** übertrug **1283 Aarau** die **Stadtrechte** und unterstützte damit die aufstrebende Stadt. Im 18. Jahrhundert wurde der Stadtkern durch reiche Burger erweitert. Noch heute können wir die **spätbarocken und klassizistischen Bauten** sowie die **wunderschön bemalten Giebel** in der Aarauer Altstadt bewundern. Wer mehr über die bewegte Vergangenheit Aaraus erfahren möchte, kann sich einer **Stadtführung** von **aarauinfo** anschliessen.

Wir ziehen nun los, um eine der schönsten Auenlandschaften zu entdecken. Beim Bahnhof Aarau folgen wir dem Wegweiser zum **Aaresteg** und erreichen nach ca. 10 Minuten das Ufer der Aare. Hier beginnt der **Auenschutzpark,** der sich von **Aarau bis nach Wildegg** und auf einer Länge von sechs Kilometern erstreckt. Die einmalig schöne Auenlandschaft ist das Zuhause einer reichen Fauna und Flora. **Pirol, Eisvogel** und **Nachtigall** sind hier ebenso daheim wie der **Biber.** Und wer weiss, bei ein wenig Glück und Geduld treffen wir gar auf die Bewohner des Auenparks. Am Ufer angekommen halten wir uns rechts und wandern in Fliessrichtung der Aare. Immer wieder treffen wir auf **Hinweistafeln,** die wichtige Aspekte der Auenlandschaft erklären und mit Bildern veranschaulichen.

Wir streifen durch den schönen Auenwald, überqueren nach der ARA die **Suhre,** die hier in die Aare fliesst und wandern über das Gebiet **Schachen.** Auf der anderen Flussseite erstreckt sich **Biberstein.** Gemütlich wandern wir durch diese bezaubernde Gegend. Bei der Brücke Biberstein halten wir weiter geradeaus. Von rechts her fliesst der Giessen kurz neben uns her und zweigt rechts zu den Feldern ab, während wir weiter dem schönen Uferweg folgen. Vor dem **Elektrizitätswerk** treffen wir auf das Gebiet **Giessenschachen.** Der Giessen, der durch den Giessenschachen fliesst, wird von **hervortretendem Grundwasser** gespeist. Das System misst insgesamt **11 Kilometer** und ist einzigartig im Aaretal.

Schwierigkeitsgrad
Leichte Wanderung.

Richtzeit
Wanderzeit 2½ Std.

An- und Rückreise
Aarau ist gut per Bahn erreichbar. In Wildegg kann man mit der Bahn Richtung Olten oder Aarau den Heimweg antreten.

Weitere Informationen
www.aarauinfo.ch
www.aargau-tourismus.ch
www.landesmuseen.ch/wildegg

Einkehrmöglichkeiten
In Aarau und beim Schloss Wildegg.

Tipp
Wer die Vogelwelt in dieser Auenlandschaft genauer beobachten möchte, packt am besten den Feldstecher ein.

Durch Blätter der Aare entlang

Wir lassen das Elektrizitätswerk hinter uns und freuen uns über die Landschaft. Die Baumwipfel hängen tief und wir wähnen uns beinahe in einem Tunnel aus Blättern. Rechter Hand liegt nun **Rupperswil,** wo sich die bekannte **Zuckermühle** befindet. Bei der **Rupperswiler Brücke** treffen wir auf einen Wegweiser, der uns die **Richtung nach Wildegg** anzeigt. In der Aare befindet sich eine langgezogene Insel, die je nach Wasserstand mal breiter oder mal schmaler ist.

Der Giessen mündet auf der Höhe von Auenstein in die Aare und wir wandern an der rechts gelegenen ARA vorbei. Schon künden die Häuser **Wildegg** an. Das kleine Dorf scheint beinahe mit Möriken und Niederlenz zusammengewachsen zu sein. In Wildegg enden denn auch der Auenschutzpark und unsere Wanderung durch diese einmalige Flusslandschaft. Wer nochmals ein wenig Geschichte in seinen mit Eindrücken gefüllten Rucksack packen möchte, kann die Wanderung mit einer Besichtigung von **Schloss Wildegg** beschliessen und sich im **bunten Lustgarten** erholen. Die **Magd Anna** ist eine **hervorragende Fremdenführerin** und kennt nicht nur jeden Winkel des neu renovierten Schlosses, sondern auch die Geheimnisse der **Schlossfamilie Effinger!** Am Bahnhof von Wildegg treten wir sodann unsere Heimreise mit vermeintlich schwerem Rucksack an.

Standort Wanderwegweiser

Zum nächsten Zwischenziel

❶ Aaresteg
❷ Brücke Rupperswil
❸ Wildegg

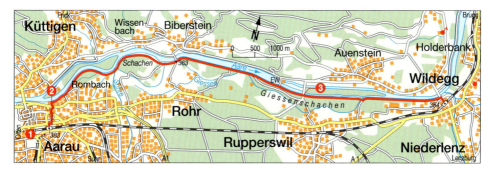

Von einem historischen Städtchen ins nächste – von Bremgarten nach Mellingen

Bremgarten – Gnadental – Mellingen 14 km, 3½ Std.

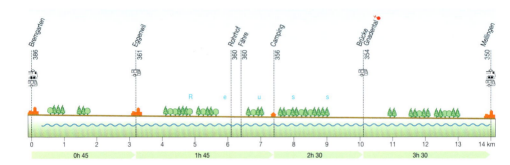

Im kleinen pittoresken **Habsburgstädtchen Bremgarten** im Aargau starten wir unsere Wanderung entlang der Reuss. Vom Bahnhof halten wir uns **Richtung Altstadt** (braune Wegweiser) und zweigen nicht in die engen Altstadtgassen ab, sondern gehen links und folgen dem gelben Wanderwegzeichen hinunter ans **Ufer der Reuss**. Als um **1200** die **Habsburger** Bremgarten (Stadtrecht ab 1240) erbauen liessen, nutzten sie die günstige geografische Lage aus: Einerseits war die Reuss eine viel befahrene **Wasserstrasse**, andererseits schützte sie die Stadt von drei Seiten. Viele **Handelsreisende** und **Rom-Pilger** nutzten die Wasserstrasse und verliehen Bremgarten eine besondere Bedeutung.
So wandern wir langsam **flussabwärts** und versuchen uns vorzustellen, wie belebt die Reuss einst war. Sie fliesst ruhig neben uns her und nichts deutet mehr auf das bunte Treiben hin.

Von Bremgarten bis zur Brücke von Gnadental befinden wir uns auf dem **Freiämterweg**, einem **Kultur- und Wanderweg**, der zu den wichtigsten **Sehenswürdigkeiten** im **Freiamt** führt. Früher war die Stadt Bremgarten Sitz der **Landvogtei «Freie Ämter»**. Heute umfasst das Freiamt die beiden **Bezirke Muri** und **Bremgarten** und erstreckt sich auf dem Gebiet zwischen dem Lindenberg und dem Heitersberg sowie von der Endmoräne bei Othmarsingen bis zur Reuss bei Dietwil. Die Reuss fliesst in grossen Schlaufen durchs Land und unser Wanderweg folgt ihr. Rechter Hand streifen wir **Eggenwil**. Auf der anderen Seite der Reuss hängen die Äste tief ins Wasser. Die Äcker formieren sich zu einem farbigen Flickenteppich und ab und zu erklingt der Schrei eines Mäusebussards. Wir passieren den **Weiler Rohrhof** und treffen sodann auf die **Fähre von Sulz.** Wir halten weiter gerade-

Schwierigkeitsgrad
Leichte Wanderung.

Richtzeit
Wanderzeit 3½ Std.

An- und Rückreise
Bremgarten erreicht man über Zürich oder Aarau per Bahn oder Postauto – bitte Fahrplan konsultieren. Von Mellingen fährt ein Bus zum Bahnhof Mellingen Heitersberg, da steigt man auf die Bahn Richtung Aarau oder Zürich um. Von Mellingen ist der Bahnhof in 25 Minuten zu Fuss zu erreichen.

Weitere Informationen
www.bremgarten-ag.ch
www.freiamt.ch
www.mellingen.ch

Einkehrmöglichkeiten
Diverse Restaurants in Bremgarten, «Rohrhof Beizli» beim Weiler Rohrhof, «Rüss Stübli» beim Campingplatz nach Sulz, diverse Restaurants in Mellingen.

Naturbelassene Reuss

aus **Richtung Gnadental.** Beim kleinen Campingplatz lädt das «Rüss Stübli» zu einer kurzen Rast.

Ausgeruht und erfrischt wandern wir weiter. Unser Weg führt uns durch einen schönen Auenwald. Das Vogelgezwitscher vermischt sich mit dem Geräusch von fliessendem Wasser und wir geniessen dieses herrliche **Naturhörspiel.** Die Reuss zeichnet eine kleine Linkskurve und wir stehen alsbald bei der **Brücke von Gnadental.** Auf der anderen Seite liegt das kleine Gnadental, wo ein **ehemaliges Zisterzienserinnenkloster** steht. Obwohl einer der **berühmtesten Schweizer Reformatoren, Heinrich Bullinger,** aus Bremgarten stammte, überlebte das Kloster die Reformation ohne grosse Mühe und feierte seine Blüte in der **Barockzeit.** Seit 1894 ist im ehemaligen Kloster eine **Pflegeanstalt** eingerichtet.

Wir lassen Gnadental hinter uns und wandern weiter Richtung **Mellingen.** Die Reuss fliesst nun weniger verspielt durch die Landschaft und hält gerade auf Mellingen zu. Das **mittelalterliche Städtchen** wurde **1230** von den **Kyburgern** gegründet, die eine Ringmauer um die Stadt errichteten. Als wichtiger Brückenkopf war Mellingen zwischen 1528 und 1712 nicht weniger als **zwölf Mal** von Truppen besetzt. Wir streifen durch das schöne Städtchen und entdecken immer wieder Dinge, die auf Mellingens **bewegte Geschichte** verweisen.

Mit dem Bus oder zu Fuss machen wir uns auf zum **Bahnhof Mellingen Heitersberg,** von wo wir die Heimreise antreten.

Standort Wanderwegweiser

Zum nächsten Zwischenziel

❶ Altstadt
❷ Gnadental
❸ Mellingen

11

Vom Unterlauf der Emme in die Barockstadt Solothurn

Utzenstorf – Schloss Landshut – Kräiligensteg – Gerlafingen – Biberist – Luterbach – Solothurn 16,5 km, 4 Std.

Vom Bahnhof **Utzenstorf** wählen wir die Richtung zum **Schloss Landshut,** folgen ein kleines Stück der Strasse, wandern über das Gebiet Möösli und tauchen in das kleine Wäldchen Tannschächli ein.
Kurz darauf überqueren wir die Strasse, die nach Bätterkinden führt, und wandern entlang der **Emme** weiter. Rechter Hand erblicken wir das **Schloss Landshut** (zweite Hälfte des 12. Jahrhunderts), das die Könige von Burgund, die Herzöge von Zähringen, die Grafen von Kyburg und die bernische Herrschaft nacheinander als Residenz und militärischen Stützpunkt nutzten.
Heute beherbergt das Schloss das **Schweizer Museum für Wild und Jagd** und wechselnde **Sonderausstellungen.** Doch nicht nur Adelsleute beehrten Utzenstorf. **Albert Bitzius,** besser bekannt als **Jeremias Gotthelf,** verbrachte seine Jugend- und Vikarzeit (von 1805 bis 1824) in Utzenstorf.
Im schlosseigenen Café (geöffnet zirka Anfang Mai bis zirka Mitte Oktober) lassen wir uns nieder, bestaunen den schönen Schlossgarten und lassen die Geschichte auf uns einwirken. Früher nannte man besondere Ereignisse **«Merkwürdigkeiten».** Eine solche trug sich in Utzenstorf **1928** zu, als bei der Gerberei Egger ein **Meteorit** niederging. Die Gemäuer des Schlosses könnten bestimmt noch von weiteren merkwürdigen Dingen berichten…

Wir setzen unsere Wanderung **Richtung Kräiligensteg** fort. Nach ca. 500 Metern halten wir uns links und gelangen sogleich ans Ufer der Emme, dem wir im weiteren Verlauf folgen. Rechter Hand erstrecken sich die Gebäude der **Papierfabrik Utzenstorf.** Bald treffen wir auf den **Kräiligensteg.** Im schönen, unter Naturschutz stehenden Auenwald wandern wir weiter. Ab und zu laden Rastplätze zu kleinen Pausen ein. Seit Utzenstorf befinden wir uns auf dem **«Bibelweg»,** der im Jahre 2000 zwischen Gerlafingen und Utzenstorf eingeweiht wurde. Auf Infotafeln kann man eine Zeitreise unternehmen, die sich

Schwierigkeitsgrad
Leichte Wanderung.

Richtzeit
Wanderzeit 4 Std.

An- und Rückreise
Utzenstorf ist gut über Burgdorf und Solothurn mit der Bahn erreichbar.

Weitere Informationen
www.utzenstorf.ch
www.schlosslandshut.ch
www.solothurn-city.ch

Einkehrmöglichkeiten
Diverse Restaurants in allen Ortschaften, Cafétéria im Schloss Landshut.

auf **4000 Jahren** erstreckt und die christliche Geschichte mit zeithistorischen Begebenheiten verbindet.

Der Lauf der Emme zeichnet eine lange Rechtskurve und wir überqueren den Fluss kurz vor Gerlafingen. Es gilt als Geburtsstätte der **Schweizer Stahlindustrie**. **1810** gründete **Ludwig von Roll** die Eisenwerke. **1836** nahm das erste **Schweizer Walzwerk** seinen Betrieb auf. Das Holz zum Feuern wurde zu Beginn per Emme zum Eisenwerk transportiert. Zwischen 1960 und dem Ende des 20. Jahrhunderts befand sich das Werk in seiner Blütezeit.

Wir wandern am linken Flussufer weiter nach **Biberist**. Auf der Strassenbrücke überqueren wir erneut die Emme und treffen auf die grossen Gebäude sowie den Hochkamin der **Papierfabrik Biberist**. 1860 wurde die Fabrik gegründet und Biberist erlebte einen enormen wirtschaftlichen Aufschwung.

Wir entfernen uns allmählich von der **Geschichte der Industrialisierung** und wandern in naturnaher Kulisse nach **Derendingen**. Wir streifen das Dorf nur und setzen unsere Tour durch den **Emmenschachen** fort. Bei den Bahngleisen wandern wir **Richtung Emmenspitz – Solothurn** und passieren auf der Strassenbrücke die Emme. Bald haben wir den Zusammenfluss von Emme und Aare erreicht. Hier halten wir uns links und wandern entlang der Aare in die **üppige Barockstadt Solothurn** hinein. Eine ausgedehnte Rast in der schönen Stadt, zum Beispiel am Fusse der **St.-Ursen-Kathedrale** oder in einem der schönen Restaurants in Solothurn, haben wir uns vor unserer Heimreise wahrlich verdient.

Herrschaftliches Schloss Landshut

Standort Wanderwegweiser

Zum nächsten Zwischenziel

1. Schloss Landshut
2. Kräiligensteg
3. Gerlafingen
4. Biberist
5. Luterbach
6. Emmenspitz-Solothurn

12

Entlang der Alten Aare von Lyss nach Aarberg

Lyss – Kappelen – Obergrien – Aarberg 7 km, 1½ Std.

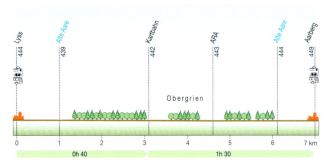

Ein gemütlicher Spaziergang entlang der **Alten Aare** steht uns bevor. Wir beginnen unsere kleine Wanderung am **Bahnhof Lyss,** durchstreifen das stattliche Dorf auf der Bielstrasse und haben dabei immer den Jura im Blick.

Der Weg führt uns zunächst an den **Lyssbach.** Noch vor mehr als 130 Jahren trat der Lyssbach gemeinsam mit der Alten Aare immer wieder über die Ufer und bescherte Lyss ein hartes Schicksal, das zu dieser Zeit jedes Dorf im Seeland traf: **Überschwemmungen.** Erst mit der **Juragewässerkorrektion** Ende des **19. Jahrhunderts (1868 – 1878)** blühten Lyss und das gesamte Seeland auf und gewannen an wirtschaftlicher Bedeutung. Wer mehr über Lyss und seine Geschichte erfahren möchte, kann dies auf einem ausgeschilderten **heimatkundlichen Rundgang** durch Lyss tun.

Wir wandern jetzt unter der Bahnlinie Lyss–Kerzers hindurch, wo wir anschliessend vor der Qual der Wahl stehen: linkes oder rechtes Ufer? Wir wählen das **linke Ufer,** da wir so von den Industriegebieten weiter weg sind und die schöne Auenlandschaft ungestörter geniessen können. Wir überqueren die Alte Aare und wandern am Schwimmbad vorbei **Richtung Aarberg.** So folgen wir der Alten Aare und entdecken dabei die Vielfältigkeit dieser **Flussauenlandschaft.** Früher paddelten hier viele Kanufahrer über die Aare, heute ist es nicht mehr so ratsam, da viele Bäume über oder im Flusslauf liegen und eine Kanufahrt sehr beschwerlich gestalten. Die Strassenbrücke Lyss – Kappelen holt uns wieder in die Zivilisation zurück und die **Outdoor Kartbahn** tut das Ihrige. Wer rauchende und quietschende Reifen mag, kann hier einen Abstecher machen, um in hoher Geschwindigkeit um die Kurven zu flitzen. Die Kartbahn ist täglich und bei jedem Wetter geöffnet.

Die weitere Wanderung gestaltet sich gemächlicher und ohne Pferdestärken und wir geniessen die schöne **Uferlandschaft,** die uns bis Aarberg weiter begleiten wird. Rechts erblicken wir die ARA, wo wir erneut die Uferseite wechseln könnten. Wir aber wandern weiter auf der linken Uferseite und erreichen durch den **Stadtgraben** bald das **1220 gegründete Städtchen Aarberg.** Sein schmucker und von historischen Bürgerhäusern gesäumter **Stadtplatz** sowie

Schwierigkeitsgrad
Leichte Wanderung.

Richtzeit
Wanderzeit 1½ Std.

An- und Rückreise
Lyss liegt an der Bahnlinie Bern-Biel und ist gut mit dem Zug erreichbar. Von Aarberg steigen wir ins Postauto Richtung Bern oder Lyss, um den Heimweg anzutreten.

Weitere Informationen
www.lyss.ch
www.aarberg.ch
www.kartbahnlyss.ch
www.seeland.ch

Einkehrmöglichkeiten
In Lyss und Aarberg gibt es einige Restaurants und Cafés.

die über **400 Jahre alte Holzbrücke** über die Aare beeindrucken uns. Lange Zeit war Aarberg ein **wichtiger Warenumschlagplatz.** Auf dem Stadtplatz herrschte buntes Treiben, Waren wurden um- und verladen und die Handelsreisenden machten sich auf in alle Himmelsrichtungen. Heute ist es ein pittoreskes Städtchen, dessen Besuch sich immer lohnt. Wir runden unseren Besuch in einem der guten Restaurants kulinarisch ab, bevor wir per Bahn oder Postauto die Heimreise antreten.

Auf der historischen Holzbrücke über die Alte Aare

Tipp:
Wer zu Fuss nach Lyss zurückwandern möchte, kann dies über den Hügelzug des **Frienisbergs** tun. Von Aarberg führt der Weg nach Lobsigen, weiter nach Aspi, über Rotholz, Vogelsang und Eigenacher zum Soldatendenkmal, das an die gefallenen Kameraden im Ersten Weltkrieg erinnert. Vom Denkmal geht es dann direkt nach **Lyss.** Diese Variante führt abwechslungsweise durch lichte Stellen und Wald, öffnet immer wieder schöne Blicke auf den Jura und ist gut in knapp 2,5 Std. zu schaffen.

Standort Wanderwegweiser

Zum nächsten Zwischenziel

1. Aarberg
2. Kappelen
3. Aarberg

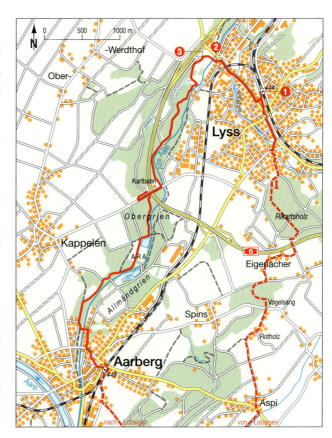

13

Von historischen Mauern zu geschützten Ufern, zwischen Mauen- und Sempachersee

Sursee – Mauensee Schulhaus – Leidenberg – Renzlingen – Oberkirch – Mariazell – Sursee 14,5 km, 3¾ Std.

Am nordwestlichen Ende des **Sempachersees** liegt **Sursee**. Die kleine historische Altstadt lädt zum Bummeln und Verweilen ein und ist in den Sommermonaten am Wochenende verkehrsfrei. Im **13. Jahrhundert** erhielt die Kleinstadt von den **Grafen von Kyburg** die Stadtrechte, die im **14. Jahrhundert** ausgebaut wurden. Die kleine Stadt wurde dadurch nicht nur verkehrstechnisch, sondern auch wirtschaftlich zu einem kleinen Knotenpunkt. Das **spätgotische Rathaus** sowie der **St. Urbanhof** gehören zu den Sehenswürdigkeiten Sursees. In Letzterem nächtigte **Herzog Leopold III. von Österreich** am Vorabend der **Schlacht bei Sempach** (1386). Das Ausruhen nutzte ihm nichts, denn die Eidgenossen siegten über das österreichische Heer.
Nicht kampfes- dafür entdeckungslustig starten wir mit unserer Wanderung am Bahnhof von Sursee. Wir halten uns **Richtung Mauensee,** folgen nach links der Strasse und zweigen beim Waldrand links in den Wanderweg ein. Wir durchstreifen ein kleines Stück des **Surseerwaldes** und erreichen nach gut 1,5 Kilometern das Ufer des unter **Naturschutz stehenden Mauensees.** Es geht nach links und wir wandern entlang von naturbelassenen Ufern **Richtung Schloss Mauensee.** Auf der einzigen Insel des Sees steht das Wahrzeichen der Gemeinde Mauensee: das **Schloss Mauensee.** Der heutige Bau geht auf das Jahr **1605** zurück und ist seit dieser Zeit in Privatbesitz. Daher ist es nicht möglich, das Schloss zu besichtigen. Zweifelsohne steht es an vorzüglicher Lage und gibt ein aussergewöhnliches Fotosujet ab.
Der Wegweiser zeigt uns die Richtung zum **Schulhaus Mauensee.** Wir erreichen die Strasse, halten uns kurz nach links, um dem nächsten Wegweiser nach **Leidenberg** zu folgen. Unser Weg steigt an und wir sind froh, dass dieses Teilstück durch einen kühlen Waldabschnitt führt. Es geht über Wiesen und Felder. Ab und zu schreit ein Mäusebussard auf und wir geniessen die Landschaft, die in sattes Grün gekleidet ist. Immer wieder treffen wir

Schwierigkeitsgrad
Leichte Wanderung.

Richtzeit
Wanderzeit 3¾ Std.

An- und Rückreise
Sursee ist gut mit der Bahn ab Luzern oder Olten erreichbar.

Weitere Informationen
www.sempachersee-tourismus.ch
www.sursee.ch

Einkehrmöglichkeiten
Restaurants in Sursee, das Restaurant Sonnenhöfli in Oberkirch.

Tipp
Badehose nicht vergessen!

Idyllischer Mauensee – Zuhause zahreicher Tiere

auf blumengeschmückte Bauernhöfe. Die kleinen Abzweigungen ignorieren wir allesamt und halten uns immer geradeaus. Beim **Punkt 690** folgen wir dem Wegweiser nach **Höhi** und streifen alsbald den kleinen **Weiler Leidenberg.** Bauern verkaufen hier Äpfel und frische Kartoffeln. Noch immer steigt unser Weg etwas an. Beim **Punkt 711** gehen wir nach links und erreichen nach gut 500 Metern die **Oberhöhe,** wo wir eine wohlverdiente Rast einlegen. Wir haben den höchsten Punkt unserer Wanderung erreicht und überblicken die schöne Gegend, die sich zwischen **dem Mauensee und dem Sempachersee** erstreckt. Auf geht es zum Ufer des Sempachersees. Wir wandern nach **Renzlingen,** wo wir uns sogleich **Oberkirch** zuwenden. Unsere Wanderkulisse besticht immer noch durch Felder und Wiesen, in welchen die Bauernhöfe Farbakzente setzen. Kurz vor dem **Punkt 561** gehen wir rechts und durchqueren den Weiler **Liebergott**. Schon erspähen wir die Dächer von Oberkirch. Unser Wanderweg durchquert den **Golfplatz von Oberkirch,** wo wir gespannt den Spielern zuschauen.

Beim **Bahnhof Oberkirch** folgen wir dem Wegweiser nach **Mariazell.** Wir nähern uns dem **Sempachersee,** auf welchem sich unzählige weisse Segel tummeln. Über **Seehäusern** durchstreifen wir das **Zällmoos** und erreichen bald **Mariazell.** Hier könnten wir nach rechts zum Strandbad wandern und eine Pause einlegen oder aber nach links durch die schöne **Altstadt von Sursee** zurück zum Bahnhof gehen. Wir wählen den direkten Weg und lassen uns in einem der schönen Strassencafés nieder und beschliessen unsere Wanderung in historischem Ambiente.

Standort Wanderwegweiser

Zum nächsten Zwischenziel

1. Mauensee
2. Mauensee Schulhaus
3. Leidenberg
4. Höhi
5. Ränzligen
6. Oberkirch
7. Mariazell
8. Sursee

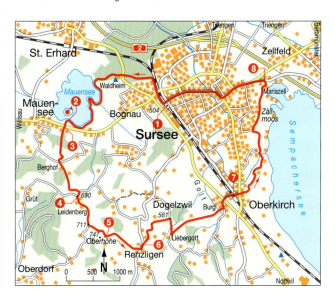

14

Der Sense entlang – von der Schwarzwasserbrücke ins schöne Städtchen Laupen

Haltestelle Schwarzwasserbrücke – Thörishaus – Neuenegg – Laupen 13,5 km, 3½ Std.

Die S-Bahn schlängelt sich von Bern aus durch eine wunderschöne Gegend. Grosse Bauernhöfe und weite Felder erblicken wir und die dunklen Wälder bilden einen schönen Kontrast zum landwirtschaftlichen Flickenteppich. Kurz vor der **Station Schwarzwasserbrücke** erhalten wir bereits einen Eindruck, durch welche beeindruckende Landschaft uns die heutige Wanderung führt: **Schlucht** und **dunkles Wasser** liegen tief unter uns.

Bei der **Station Schwarzwasserbrücke** verlassen wir die S-Bahn und halten uns **Richtung Alte Schwarzwasserbrücke/Senseschlucht.** Wir überqueren die Strasse, passieren den Parkplatz des beliebten Ausflugrestaurants Schwarzwasserbrücke und gehen der Umzäunung entlang zum Wald. Der Weg fällt ab und wir gelangen alsbald zur **restaurierten Schwarzwasserbrücke.** Wir geniessen den herrlichen Blick hinunter auf die abgeschliffenen Steine. Über Jahrhunderte hinweg schuf das Wasser hier eine einzigartige Landschaft. Wir überqueren die Brücke und halten uns nach der Brücke scharf links **Richtung Thörishaus.** Hoch über uns spannt sich die Strassen- und Bahnbrücke, über die wir mit dem Zug gefahren sind.

In der Flussauenlandschaft wandern wir auf gut ausgebautem Weg dem Wasser entlang. Bald gelangen wir zum **Zusammenfluss von Schwarzwasser und Sense.** Rechts ragen imposante Felswände empor. Emsige Kletterer üben sich in ihrer Kunst. Kinderlachen und Grillduft verraten uns, wie beliebt diese Stelle ist. Stundenlang könnte man hier verweilen, Staumauern bauen, grillen, baden und die eindrückliche Naturkulisse bestaunen! So packen denn auch wir unsere Badehose aus und geniessen das kühle Wasser.

Erfrischt wandern wir entlang der Sense **Richtung Thörishaus** weiter. Unterwegs laden

Schwierigkeitsgrad
Leichte Wanderung.

Richtzeit
Wanderzeit 3½ Std.

An- und Rückreise
Die Station Schwarzwasserbrücke ist gut ab Bern mit der S-Bahn nach Schwarzenburg erreichbar. Von Laupen fährt die S-Bahn zurück nach Bern.

Weitere Informationen
www.schwarzenburgerland.ch
www.smit.ch
www.neuenegg.ch
www.laupen.ch

Einkehrmöglichkeiten
Restaurant Schwarzwasserbrücke, Restaurant Sensebeach und Restaurant Sense-Mare in Thörishaus, Restaurant Giardino beim Campingplatz, Restaurants in Neuenegg und Laupen.

Tipp
Badehosen und Cervelats nicht vergessen!

noch **viele idyllische Plätze** zum Baden und Grillen ein und wir könnten die Wanderung und das Pausieren unbegrenzt verlängern. Wir ignorieren die alte Holzbrücke und wandern weiter geradeaus zur **Eisenbahnbrücke.** Kurz nach dieser Steinbrücke treffen wir auf eine Weggabelung, wo uns die Wegmarkierung die Richtung nach **Neuenegg** weist. Die Sense fliesst ruhig und gerade der Saane entgegen. Wir passieren eine grosse Wiese, wo sich Hornusser üben, und durchqueren anschliessend den Campingplatz. Wieder am Senseufer angelangt wandern wir weiter **Richtung Neuenegg.** Wir gehen unter einer alten Steinbrücke hindurch und treffen auf einen kleinen Spielplatz mit Tiergehege.

Schnurgerade fliesst die Sense **Richtung Laupen.** Schwellen unterbrechen den Fluss und geben schöne Badestellen frei. Das Baden in der Sense ist an und für sich problemlos, wenn man die **Warnschilder,** die auf die plötzlich auftretenden Springfluten aufmerksam machen, beachtet.

Alte Steinbrücke aus vergangenen Zeiten

Kurz vor **Neuenegg** wird der Auenwald etwas dichter und wir geniessen den Schatten. Das Dorf, wo einst die Eidgenossen die **Soldaten Napoleons** besiegten, lassen wir hinter uns und wandern weiter nach **Laupen.** Der Weg führt uns dem Wasser entlang. Schon von Weitem erblicken wir auf dem Felssporn das **Schloss Laupen,** das von der mittelalterlichen Vergangenheit Laupens berichtet: Bereits im **13. Jahrhundert** war **Laupen ein «Stedtli»,** das sich durch die mittelalterliche Ummauerung auszeichnete. Ein kleiner Rundgang durch die **pittoreske Altstadt** lohnt sich! Wir geniessen in einem Café das «Stedtli» und machen uns anschliessend per Bahn auf den Heimweg.

Standort Wanderwegweiser

Zum nächsten Zwischenziel

❶ Alte Schwarzwasserbrücke Senseschlucht
❷ Thörishaus (Sensegraben)
❸ Neuenegg
❹ Laupen

Durch den Tierpark hinein ins Aaretal, von Bern nach Münsingen

Bern, Tierpark Dählhölzli – Auguetbrügg – Hunzigenbrügg – Parkbad – Münsingen
14,5 km, 3½ Std.

Vorbei am Bundeshaus, über den Bundesplatz und die Kirchenfeldbrücke fährt der Bus hinüber ins schöne Villenviertel **Kirchenfeld**, wo Museen und Botschaften zuhause sind. In dieser beeindruckenden Kulisse steigen wir bei der Haltestelle Tierpark aus und folgen den Wegweisern zum **Tierpark Dählhölzli**. Wir treten in dichten Wald und riechen bereits die Tiere. Rehe und Hirsche rechts, das neue Wisent-Gehege links. Es geht hinunter zur Aare und es wird sofort klar, das Dählhölzli mit seinem Streichelzoo direkt an der Aare ist ein **beliebtes Ausflugsziel** für Gross und Klein.

Wir halten uns **aareaufwärts Richtung Auguetbrügg** und wandern unter anderem an Ottern, Pelikanen und Wildschweinen vorbei. Nach dem **verheerenden Hochwasser 2005** wurde ein Grossteil der Anlage neu und vor allem tiergerechter umgebaut. In der Aare schwimmen derweil Wasserhungrige und lassen sich bis ins Marzili von der grünen Aare tragen. Doch Vorsicht, das Schwimmen in der Aare ist nicht zu unterschätzen und vor allem geübten Schwimmern zu empfehlen.

An schönen Wochenenden ist auf der Strecke zwischen **Tierpark und der Elfenau** viel los! Wer es sich einrichten kann, soll die Wanderung am besten **unter der Woche** machen. Auf der anderen Uferseite sonnen sich im Eichholz Bade- und Campinggäste und der **Gurten**, der Berner Hausberg, ragt in die Höhe. Wir wandern durch einen schönen Auenwald, der erst kürzlich renaturiert wurde. Kleine Stege und wertvolle Informationstafeln liefern vertiefte Einblicke in die Flusslandschaft. Wir ziehen über die Wiesen der Elfenau und kommen bald zum **Fähri-Beizli**. Der Geruch von «Fischchnusperli» steigt uns in die Nase …

Schwierigkeitsgrad
Leichte Wanderung.

Richtzeit
Wanderzeit 3½ Std.

An- und Rückreise
Zum Tierpark Dählhölzli gelangt man ab Bern Hauptbahnhof mit dem Bus Nr. 19 Richtung Elfenau bis Station Tierpark. Von da den Wegweisern folgen und hinunter zur Aare und zum Restaurant Dählhölzli spazieren. Von Münsingen fährt die S-Bahn zurück nach Bern.

Weitere Informationen
www.tierpark-bern.ch
www.berninfo.com
www.smit.ch

Einkehrmöglichkeiten
Restaurant Dählhölzli, Restaurant Fähri-Beizli bei der Bodenacherfähre, Restaurant Campagna (auf der anderen Seite der Hunzigenbrügg), Restaurant Parkbad Münsingen sowie weitere Restaurants in Münsingen selbst.

Tipp
Unterwegs gibt es unzählige schöne Grillstellen: Holz, Kohle und Cervelat nicht vergessen!

Hier brät sich die Cervelat wie von selbst!

Gestärkt wandern wir weiter. Immer wieder treffen wir auf schöne Picknick- und Grillstellen, die zwar sehr einladend sind, aber nur mit mitgebrachtem Holz oder mitgebrachter Kohle zur leckeren Cervelat führen. Bald erreichen wir die **Auguetbrügg,** die einerseits nach Muri und andererseits zum Flughafen Bern-Belp führt. Jetzt befinden wir uns im **Aaretal,** das vor Tausenden von Jahren durch den **Aaregletscher** geformt wurde.

Es folgt eine wunderschöne Strecke entlang der Aare. Es scheint, als ob sich der Fluss die Natur zurückerobert hätte. Überhaupt gibt es im Moment grosse Bestrebungen, den **Hochwasserschutz** mit der Natur in Einklang zu bringen. Es liegen Projekte vor, die es der Aare erlauben sollen, wieder zu mäandern, also sich den Weg in **Flussschlingen** zu suchen. Ob diese Projekte denn auch umgesetzt werden, bleibt indes unklar.

Wir wandern durch die **Märchligenau,** wo mindestens **17 national oder regional gefährdete Pflanzenarten** zuhause sind. Wir folgen dem Flusslauf immer Richtung Thun und werden dabei von der Zivilisation ein wenig eingeholt, denn der Motorenlärm der Autobahn Bern–Thun macht sich bemerkbar. Bei der **Hunzigenbrügg** könnten wir auf der anderen Flussseite im Restaurant Campagna einkehren, wir bleiben aber auf unserem eingeschlagenen Weg und wandern weiter Richtung Parkbad. Es geht schnurgerade weiter. Die alten Hochwasserverbauungen, die schräg abfallenden Betonplatten, sind zwar einladende Sonnenbänke, müssten aber dringend durch naturgerechte Schutzbauten ersetzt werden. Im schattigen Auenwald gelangen wir zum **Parkbad,** das zum Plantschen und Baden einlädt. Abgekühlt machen wir uns auf ins Dorfzentrum und zum Bahnhof von **Münsingen,** wo wir mit der S-Bahn zurück nach Bern fahren.

Standort Wanderwegweiser

Zum nächsten Zwischenziel

1. Auguetbrügg
2. Hunzigenbrügg
3. Parkbad
4. Münsingen

Im Emmental entlang der facettenreichen Emme

Eggiwil – Dieboldswil – Aeschau – Schüpbach – Signau 10,5 km, 2½ Std.

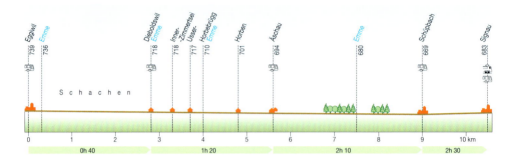

Das **Emmental** ist längst nicht nur wegen **Gotthelf, Meringues** oder seines **Käses** wegen bekannt, sondern schon seit jeher auch dank seiner eindrücklichen Landschaft und der authentischen Dörfer.

Eggiwil ist ein besonderes Stück Emmental. Zwar reifen hier nicht die berühmtesten Löcher der Schweiz, dafür findet sich hier eine ganz besondere Rarität: die **Alphornmacherei** der Familie Bachmann. Vater und Sohn Bachmann fertigen **Alphörner** von Hand und verwandeln ein Stück Holz in ein ganz besonderes Instrument. Wer Lust hat, kann sich bei der Familie Bachmann für eine kleine Führung melden.

Beschwingt machen wir uns auf, eine weitere Seite des Emmentals zu entdecken. Links und rechts erheben sich die **charakteristischen grünen Hügel.** Sie begleiten uns als Kulisse, denn unsere Hauptakteurin ist die **Emme.** Ruhig fliesst sie durchs Emmental und man mag meinen, dass sie keiner Seele etwas tun könnte. Doch weit gefehlt! Die Emme ist ein **heimtückischer Fluss** und wir tun gut daran, uns an die **Verhaltensregeln** zu halten, damit das Grillen und Baden am Fluss Vergnügen bleiben.

So wandern wir also der Emme entlang. Einmal führt uns der Weg direkt ans Wasser, einmal durch die Flussau. Immer wieder treffen wir auf unserem Emme-Spaziergang auf die **schönen Holzbrücken,** die ebenfalls sehr typisch für das Emmental sind. Die meisten stammen aus dem **19. Jahrhundert.** Besonders Interessierte können sich einen Überblick über die **Baugeschichte der Holzbrücken** im Emmental verschaffen, sind doch die meisten Arten dieser aussergewöhnlichen Baukunst in der Region vorhanden.

Bei **Diebodlswil** überqueren wir die Holzbrücke (datiert auf **1887**) und anschliessend die Strasse, um auf dem Feldweg **Richtung Innere Zimmertsei** zu wandern. Hier bestaunen wir den üppigen Garten des **Emmentaler Bauernhauses,** das

Schwierigkeitsgrad
Leichte Wanderung.

Richtzeit
Wanderzeit 2½ Std.

An- und Rückreise
Eggiwil Dorf erreicht man ab Signau mit dem Postauto. Signau ist gut an die Bahnlinie Bern – Langnau – Luzern angeschlossen. Die Rückreise von Signau aus treten wir mit der Bahn an.

Weitere Informationen
www.eggiwil.ch
www.alphornmacherei.ch
www.emmental.ch

Einkehrmöglichkeiten
In Eggiwil, Aeschau, Schüpbach und Signau.

Emmentaler Bauernhäuser in üppiger Blumenpracht

mit ebenso üppigen Geranien und anderen Blumen geschmückt ist. Ja, Gotthelfs Zeiten lassen grüssen! Der Weg führt geradeaus, am Weiher vorbei bis zur nächsten Abzweigung und über die nächste Holzbrücke. Wir gehen ca. 300 Meter auf der Strasse, um sogleich nach **rechts** in den **markierten Wanderweg** einzubiegen. Die Emme fliesst nun linker Hand von uns. Hier und da hören wir Kinderlachen und ab und zu steigt uns würziger Grillduft in die Nase.
Über den Weiler **Horben** erreichen wir bald **Aeschau**. Im Dorf folgen wir dem Weg nach links, überqueren die Strasse und biegen vor der Holzbrücke rechts in den kleinen Pfad **Richtung Emmenmatt** ein. Die Schautafeln des **Wasserlehrpfades** zwischen Aeschau und Emmenmatt erklären uns nicht nur die Wassernutzung, sondern liefern uns auch viele interessante Informationen zu Flösserei, Abwasserreinigung, Fauna und Flora. Immer wieder treffen wir auf geschichtete Baumstämme, welche die naheliegende Sägerei verraten und den Geruch nach frisch geschlagenem Holz erklären.
Unser Weg führt an Bänken und kleinen Stränden vorbei und es wäre eine Sünde, wenn wir nicht schnell für ein **Bad in die Emme** springen würden. Wir rasten ausgiebig und bewundern die schön geschliffenen Steine, die grandiose Geschichten aus längst vergangenen Zeiten erzählen könnten.
Gestärkt und fast ein wenig wehmütig, dieses schöne Fleckchen schon wieder verlassen zu müssen, wandern wir weiter Richtung **Schüpbach**. Wir überqueren die nächste Holzbrücke, biegen scharf links ab, gehen unter der Brücke durch und wandern der Emme entlang bis nach Schüpbach, wo uns der Wegweiser die **Richtung nach Signau** anzeigt. Bald haben wir es geschafft und wir treten am Bahnhof **Signau** unsere Heimreise an.

Standort Wanderwegweiser

Zum nächsten Zwischenziel

1. Blapbach
2. Aeschau-Schüpbach
3. Schüpbach
4. Signau

17

Entlang grüner Wasser hoch zum mondänen Grandhotel – von Iseltwald nach Brienz

Iseltwald – Giessbach – Grandhotel Giessbach – Engi – Aaregg – Brienz 10 km, 3 Std.

Im einzigen Dorf am linken Ufer des Brienzersees, in **Iseltwald**, beginnen wir unsere Wanderung nach Brienz. Per Postauto oder Schiff erreicht man das kleine Dorf, das durch **schöne Holzhäuser** und durch die einzige im Kanton Bern immatrikulierte Seeinsel, das **Schnäggeninseli**, besticht. Es gehört zum Wahrzeichen von Iseltwald, dem **Zentrum Seeburg**, das auf einer kleinen Halbinsel liegt.

Wir wenden uns zum Brienzersee und überblicken das grüne Wasser. Auf der gegenüberliegenden Seeseite fallen die steilen Ufer auf, die sich unter dem Wasserspiegel fortsetzen. Die Südhänge der **Brienzer Rothorn-Kette** münden in den typischen Alpenrandsee.

Von der Postautostation wandern wir **Richtung Giessbach** den Brienzersee entlang. Bald haben wir die Häuser hinter uns gelassen und spazieren auf einem angenehmen Weg im Uferwald dem **Grandhotel** entgegen. Die Schnäggeninsel verschwindet langsam aus unserem Blickfeld und wir geniessen die herrliche Kühle, die von Wald und See ausgeht. Auf halbem Weg zwischen Iseltwald und Giessbach treffen wir auf die **schöne Grillstelle Gloota**, die sich optimal zum Rasten und Grillen eignet.

Gestärkt setzen wir unsere Wanderung durch den Mischwald fort. Immer wieder öffnen sich uns wunderschöne Blicke auf den grünen Brienzersee. Das Kursschiff kündigt sein Ankommen an und auch wir erreichen über den **Uferweg Giessbach** (Wegweiser Nr. 2) bald die **Schifflände Giessbach**. Beim Anlegen der Kursschiffe fährt kurze Zeit später die **älteste Standseilbahn Europas** (1879 eröffnet) hinauf zum **Grandhotel Giessbach** ab. Wir können so unsere Wanderung ein bisschen abkürzen oder aber den

Schwierigkeitsgrad
Leichte Wanderung.

Richtzeit
Wanderzeit 3 Std.

An- und Rückreise
Iseltwald ist gut mit dem Postauto ab Interlaken Ost erreichbar. Nach Interlaken Ost fahren regelmässig Züge. Alternativ kann man auch in Interlaken Ost mit dem Schiff nach Iseltwald fahren (Anfang April bis Mitte Oktober, bitte Schiffsfahrplan beachten www.bls.ch/schiff). Von Brienz fährt man mit dem Zug Richtung Bern oder Luzern oder man steigt aufs Schiff nach Interlaken Ost (bitte Fahrplan beachten) zu.

Weitere Informationen
www.brienzersee.ch
www.iseltwaldtourismus.ch
www.giessbach.ch

Einkehrmöglichkeiten
Grandhotel Giessbach, Restaurant Engi.

Tipp
Die Wanderung empfiehlt sich während der heissen Sommermonate, da weite Strecken im Wald verlaufen.

Mit 27 km/h über den Brienzersee

kurzen Aufstieg über Treppen und entlang von Geländern in Angriff nehmen. Dabei überqueren wir den Giessbach, der sich in 14 Stufen spektakulär in den Brienzersee stürzt.
Geschafft – wir stehen vor dem mondänen **Grandhotel Giessbach,** das stolz über dem Brienzersee thront. Auf der Aussichtsterrasse genehmigen wir uns ein kühles Getränk und lassen uns von der **historischen Kulisse** verzaubern. Das Gasthaus Giessbach wurde 1822 eröffnet und mauserte sich zum Grandhotel.

Nach dieser Pause machen wir uns auf zu den **Giessbachfällen.** Bereits vom Schiff aus erspäht man die Wasserfälle, die sich aus der Giessbachschlucht hinaus in den Brienzersee ergiessen. Von den Giessbachfällen wandern wir weiter **Richtung Brienz.** Der Weg fällt ab und bald gelangen wir auf die Strasse, die zur Axalp führt. Wir folgen der wenig befahrenen Strasse, bis wir das östliche **Ende des Sees** (beim Punkt 569) erreicht haben. Hier biegen wir links ab und wandern **Richtung Brienz.**

Wir überqueren die Aare, passieren die **Aaregg** und alsbald den Campingplatz bei der **alten Aaregg.** Das **Strandbad** lädt zum Baden ein und wir geniessen das kühle Wasser.
Erfrischt machen wir uns auf, **Brienz** zu entdecken: Das Dorf ist weit über die Schweizer Grenze hinaus bekannt für seine **Holzschnitzereien,** die wir nicht nur in den Gärten, sondern auch auf den alten Chalets bestaunen. Für den Heimweg können wir entweder das **Schiff nach Interlaken Ost** oder den Zug Richtung Interlaken bzw. Richtung Luzern über den Brünig wählen.

Standort Wanderwegweiser

Zum nächsten Zwischenziel
❶ Giessbach
❷ Giessbach (Uferweg)
❸ Giessbach Hotel
❹ Brienz

In den Freiburger Voralpen rund um den Schwarzsee

Schwarzsee, Gypsera – Schwarzsee Bad – Seeweid – Hubel Rippa – Schwarzsee, Gypsera 5 km, 1½ Std.

Einst sass der **Riese Gargantua** am Ufer eines herrlich klaren Bergsees und wusch sich darin seine schmutzigen Füsse. Daraufhin verfärbte sich der See schwarz, verschwunden war sein klares Blau – seit diesem Tag heisst der See **Schwarzsee**. Von **Plaffeien** her fahren wir mit dem Bus hoch zu diesem kleinen Seenplateau in den Freiburger Alpen. Bei der **Station Schwarzsee Gypsera,** wo die Warme Sense den Schwarzsee talwärts verlässt, bestaunen wir den dunklen See, an dessen schilfbewachsenen Ufern geduldig die Fischer stehen.

Wir orientieren uns und wandern dem Wegweiser nach **Seeweid.** Kindergeschrei verrät uns, dass wir uns ganz in der Nähe der neu errichteten **Badestelle** befinden. Noch widerstehen wir der Versuchung, denn schliesslich wollen wir den schönen Bergsee zuerst umrunden, bevor wir uns mit einem kühlen Bad belohnen.

So schauen wir uns um und erspähen linker Hand die **Kaiseregg** (2185 m ü. M.) und die **Riggisalp** (1484 m ü. M.), wo sich im Winter viele Skibegeisterte tummeln. Rechter Hand erblicken wir den **Schwyberg** (1628 m ü. M.) und geradeaus den Grat von **Les Reccardets** (1921 m ü. M.) und die **Spitzflue** (1954 m ü. M.) – eine wahrlich majestätische Kulisse! Wir wandern zuerst dem Ufer entlang und dann ein kurzes Stück auf der Strasse zum **Schwarzsee-Bad.** Bereits **1784** wurde beim Schwarzsee das **erste Badehaus** (Schwefelquelle) erbaut. Seit dem Bau der verschiedenen **Bergbahnen ab 1946** hat sich die Region Schwarzsee zu einem beliebten **Touristenort** gemausert, der sich aber stets seine Eigentümlichkeit bewahren konnte.

Wir lassen das Schwarzsee-Bad hinter uns und halten uns **Richtung Steinigi Rippa.** Über die Seeweid gewinnen wir leicht an Höhe. Beim **Punkt 1134** zweigen wir links ab **Richtung Hubel Rippa.** Während der Alpzeit im Sommer wird die **Sennerei Hubel Rippa** bewirtet. Was liegt näher, als hier eine Rast einzulegen? Was wahrlich ein weiser Entscheid ist, denn die **Meringues mit hauseigener «Nidle»** sind eine wahre Delikatesse! Während wir dieses kulinarische Highlight geniessen, blicken wir **Richtung Breccaschlund.** Vor Zehntausenden von Jahren haben hier die Gletscher eine einzigartige Land-

Schwierigkeitsgrad
Leichte Wanderung.

Richtzeit
Wanderzeit 1½ Std.

An- und Rückreise
Mit der Bahn bis Fribourg, umsteigen auf den Bus nach Plaffeien und von da auf den Bus zum Schwarzsee. Die Heimreise erfolgt in umgekehrter Richtung – bitte Fahrplan beachten.

Weitere Informationen
www.schwarzsee.ch

Einkehrmöglichkeiten
Diverse Restaurants in Schwarzsee, Restaurant Schwarzsee Bad und die Sennerei Hubel Rippa.

Tipp
Badehose nicht vergessen!

Hier sass vielleicht einst der Riese Gargantua

schaft geformt, die noch heute eine ganz eigene Ausstrahlung hat. Die reiche Fauna und Flora – von Gämsen und Adlern bis zum betörend duftenden Türkenbund – sowie die Felsformationen verleihen dem Breccaschlund etwas Unvergleichliches.

Gestärkt und mit vollem Bauch geht es vom **Hubel Rippa** wieder hinunter ans Ufer des Schwarzsees. Diese Seeseite ist weniger flach und wird von Tannen und kleinen Hügelzügen gesäumt. Vielleicht lag hier einmal der **Riese Gargantua,** denn es heisst, wo er sich hinlegte, blieben seine Körperabdrücke haften ... Ab und zu lassen wir uns auf einer Sitzbank nieder und geniessen die warme Sonne. Bald haben wir den **Schwarzsee** umrundet. Bei der **Gypsera** angekommen ziehen wir flugs unsere Badehosen an und suchen Abkühlung im dunklen Wasser! Auch im Winter ist der Schwarzsee einen Besuch wert: Die Region lädt zum **Winterwandern** und der See zum **Schlittschuhlaufen** ein. Nach diesem herrlichen Sommertag begeben wir uns bei der **Station Schwarzsee Gypsera** mit dem Bus auf den Heimweg.

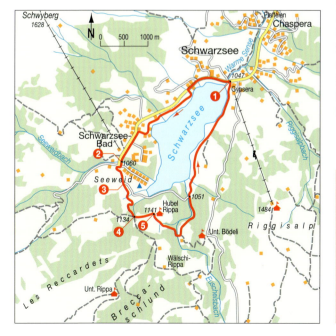

Standort Wanderwegweiser

Zum nächsten Zwischenziel

❶ Seeweid
❷ Steinigi Rippa
❸ Breccaschlund
❹ Hubel Rippa
❺ Schwarzsee

Von Dunkelblau bis Türkis, hoch zum Oeschinensee

Kandersteg – Bim Oeschinensee – Läger – Bergstation Oeschinensee – Kandersteg
9 km, 3¼ Std.

Hier in Kandersteg steigen Autos auf die Bahn um und lassen sich per Huckepack gegen Süden befördern. Wir nehmen unseren Rucksack Huckepack und starten mit unserer Wanderung zu einem der schönsten Bergseen des Berner Oberlandes, dem **Oeschinensee**. Wir folgen am **Bahnhof Kandersteg** dem Wegweiser **Richtung Oeschinensee**. Wir durchqueren das typische Berner Oberländer Dorf, halten uns auf der Hauptstrasse links, um nach rund 100 Metern rechts in die Fahrstrasse einzubiegen, die über eine Wiese führt. Beim Waldrand zweigt die Strasse nach rechts ab und wir wählen den Wanderweg, der geradeaus geht. Im **Öschiwald** sprudelt der **Öschibach** linker Hand munter neben uns her. Nach knapp 500 Metern überqueren wir den Bach und wandern auf der anderen Bachseite bergaufwärts. Der Wanderweg steigt kontinuierlich an. Auf einer Lichtung erblicken wir kurz die Sonne, setzen unseren Weg aber sogleich in der Kühle des Waldes fort. Beim Punkt 1410 gewinnen wir im Zickzack schneller an Höhe. Der Wald lichtet sich langsam und wir treffen auf einen Weg, der von rechts in unseren Wanderpfad mündet. Wir gehen weiter geradeaus und erblicken bald die Häuser von **Bim Oeschinensee**. Es fehlen uns nur noch wenige Meter und wir stehen am Ufer des heute in sattes **Türkis** gekleideten **Oeschinensees**. Am anderen Ende des Sees blitzen die **schneebedeckten Gipfel** auf und die Alpendohlen machen unmissverständlich auf sich aufmerksam.

Wir schlagen die Richtung zum **Berghaus am Oeschinensee** ein und wandern im Wald dem Wasser entlang. Immer wieder erspähen wir das tiefgrüne Wasser, das mit der restlichen Umgebung ein **wunderschönes Farbenspiel** eingeht. Eine Rast am flach abfallenden Ufer des Oeschinensees ist ein Muss. Mutige, welche die Kälte nicht scheuen, können gar ein erfrischendes Bad nehmen, während die anderen einfach die Zehen ins Wasser halten. Das Wasser des Oeschinensees ist das **Trinkwasser** von Kandersteg. Die unterirdischen Abflüsse des Bergsees sind die Trinkwasserquellen. Der See ist ca. 60 Meter tief und kann bei Schneeschmelze um 15 Meter ansteigen. Vor Tausenden von Jahren entstand dieser ein-

Schwierigkeitsgrad
Mittelschwere Wanderung.
Die Wanderung ist von ca. Anfang Mai bis ca. Ende Oktober zu begehen. Bitte informieren Sie sich auf www.oeschinensee.ch.

Richtzeit
Wanderzeit 3¼ Std.

An- und Rückreise
Kandersteg ist über Bern bzw. aus dem Wallis sehr gut mit der Bahn erreichbar.

Weitere Informationen
www.oeschinensee.ch
www.kandersteg.ch

Einkehrmöglichkeiten
Hotel Oeschinensee, Berghaus am Oeschinensee, Restaurant zur Sennhütte, Restaurant Bergstation Gondelbahn. Weitere Restaurants befinden sich in Kandersteg.

malige Bergsee aus einem **Bergsturz.** Seit **2001** zählt die Region **Jungfrau-Aletsch-Bietschhorn** zum **UNESCO-Welterbe** – somit auch der unvergleichliche Oeschinensee. Unsere Wanderung führt uns Richtung **Restaurant zur Sennenhütte.** Nicht nur wir freuen uns über die Bergblumenwiesen, sondern auch die **rund 100 Kühe,** die auf den Alpen rund um den Oeschinensee den **Sommer verbringen.** Aus der Milch stellen die Sennen **Käse** her, der im Herbst ins Tal gebracht wird. In leichtem Auf und Ab erreichen wir bald die **Bergstation der Gondelbahn Kandersteg–Oeschinensee.** Daneben liegt die **Sommerrodelbahn,** die man sich auf keinen Fall entgehen lassen sollte. Über Öffnungszeiten und Fahrpreis erkundigt man sich am besten auf www.oeschienensee.ch.

Beschwingt nehmen wir den zum Teil etwas steilen Abstieg hinunter nach **Kandersteg** in Angriff. Durch lichten Wald und schöne, wohlriechende Wiesen gelangen wir ins Tal. Wir halten uns immer geradeaus, bis wir auf

Diesen Bergsee muss man gesehen haben!

die Hauptstrasse in **Kandersteg** gelangen. Wir gehen links und nach rund 250 Metern rechts zum **Bahnhof.** Dabei überqueren wir die **Kander,** die gerade nach starken Regenfällen oder bei Schneeschmelze rauschend durchs Dorf fliesst. Am Bahnhof von **Kandersteg** treten wir den Heimweg an.

Tipp:
Wer sich den Aufstieg ersparen möchte, kann die Wanderung in umgekehrter Richtung machen und sie mit einer Gondelfahrt hoch zum Oeschinensee beginnen. Noch vor wenigen Jahren fuhren hier die nostalgischen Zweiersessel, die seitlich am Drahtseil befestigt waren.

Standort Wanderwegweiser

Zum nächsten Zwischenziel

1. Oeschinensee
2. Ober Bergli
3. Bergstation
4. Kandersteg

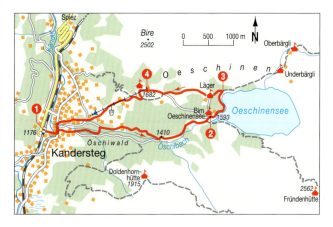

«Dert hindä bim Louenesee», rund um das kleine Naturjuwel

Lauenen – Rohrbrügg – durchs Rohr – Rohrbrügg – Lauenen 9 km, 2½ Std.

Das Postauto windet sich vom mondänen Gstaad aus hinein ins lauschige **Lauenental**. Die grünen Hänge, die spitzigen Gipfel und dunkle Waldabschnitte entführen uns in die Ruhe und Schönheit der Natur. Im kleinen Dorf **Lauenen** steigen wir bei der Haltestelle Post aus und wenden uns gegen den **Lauenensee** zu. Wir wandern auf einem breiten Kiesweg nach **Rohrbrügg**. Es geht über Wiesen und vorbei an hohen Tannen. Im Frühsommer, wenn in den Bergen der Frühling Einzug hält, läuft man hier durch ein prächtiges Farben- und Duftmeer, das einen bleibenden Eindruck in jedem Wandererherz hinterlässt. In Rohrbrügg könnten wir eine erste Pause im Restaurant Alpenland einlegen. Wir aber überqueren den **Louwibach** und setzen unsere Wanderung **Richtung Hinterem See** fort. Der Weg steigt sachte an und führt uns an den Häusern von **Fang** vorbei direkt in einen schönen Nadelwald. Den herrlichen Harzduft atmen wir tief ein. Immer tiefer dringen wir ins Lauenental vor.

Kurz **nach Höji** gelangen wir auf die grosse **Lichtung Hinderem See**. Immer wieder treffen wir auf kleine Hütten, das Gras liegt auf den Wiesen zum Trocknen aus und wir geniessen die herrliche Landschaft. Über das **Acherli** geht es langsam hinunter zum Lauenensee. Beim Punkt 1395 halten wir uns rechts zum **Lauenensee** und begeben uns auf unsere Entdeckungstour rund um die zwei tiefblauen Bergseen, in welchen sich die Wolken spiegeln. Die dunkle Erde verrät die moorige Landschaft. Das Gebiet rund um den Lauenensee steht unter Naturschutz und ist ebenso ein **Vogelparadies** wie Rohr. Zahlreiche Wasservögel sind hier zuhause und die Gegend um die beiden Seen gilt als eines der **höchstgelegenen Brutgebiete Europas** (1381 m ü. M.). Deshalb halten wir uns auf dem

Schwierigkeitsgrad
Leichte Wanderung.

Richtzeit
Wanderzeit 2½ Std.

An- und Rückreise
Lauenen ist ab Gstaad gut mit dem Postauto erreichbar. Mit der Montreux–Oberland-Bahn fährt man ab Zweisimmen nach Gstaad. Die Rückreise erfolgt in umgekehrter Richtung. Selbstverständlich ist auch eine Anfahrt aus der Westschweiz via Montreux möglich.

Weitere Informationen
www.lauenensee.ch
www.lauenen.ch
www.gstaad.ch

Einkehrmöglichkeiten
Hotel Geltenhorn, Restaurant Lauenensee, Restaurant Alpenland bei Rohrbrügg (www.alpenland.ch).

Tipp
Zur Einstimmung auf diese Wanderung empfiehlt sich das Lied «Louenesee» von Span.

Viel bewandert, viel besungen – der Lauenensee

Rohrbrügg, wo wir uns wieder **Richtung Lauenen** halten. Beschwingt und mit den Tönen von Span in den Ohren treffen wir in **Lauenen** ein, wo wir per Postauto den Heimweg antreten.

Standort Wanderwegweiser

Zum nächsten Zwischenziel

① Lauenensee
② Hinterem See
③ Lauenensee (rechts)
④ Lauenen
⑤ Rohr

Weg und bestaunen die reiche Flora an Ort und Stelle. Die Gegend versprüht eine ganz besondere Atmosphäre und wir können verstehen, dass die **Berner Musikgruppe Span** mit viel Inbrunst dieses schöne Fleckchen Erde besungen hat!

In dieser behaglichen Umgebung ist eine ausgedehnte Rast ein Muss. Es stehen immer wieder Bänke und Holztische zum Picknicken zur Verfügung. Von den Holzstegen aus lassen wir die Füsse ins Wasser baumeln und schöpfen neue Kraft für den zweiten Teil unserer Wanderung. Wer seinen Proviant daheim gelassen hat, kann sich beim Restaurant Lauenensee verpflegen. Gestärkt ziehen wir am **rechten Seeufer** vorbei. Wir überspringen den Seebach, der in den grösseren der beiden Seen mündet, und halten uns sogleich rechts **Richtung Rohr.** Rechter Hand eröffnet sich die **Rossfallenschlucht.** Unser Wanderweg schlängelt sich in engen Kehren hinunter. Durch den Fichtenwald wandern wir weiter und treffen immer wieder auf **Holzskulpturen** – hier eine Eule, da ein Fuchs. Bald erreichen wir das **moorige Gebiet Rohr.** Die weiten Schilfflächen stehen so wie der Lauenensee unter Naturschutz und bieten sich als hervorragenden Nistplatz für eine Vielzahl von Vögeln an. Der **Louwibach** ist unser Weggefährte und geleitet uns zurück nach

21

Neben sprudelndem Wasser entlang der Bisse de Lentine

Grimisuat – Bisse de Lentine – La Muraz 7 km, 2 Std.

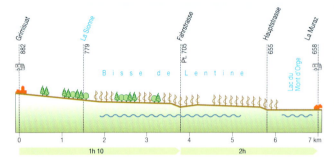

Am **rechten Rohneufer** hoch über Sion befindet sich der Startpunkt unserer heutigen Suonenwanderung. **Grimisuat** ist ein kleines Dorf, das gegen die Sonne gerichtet ist. In vorzüglicher Lage reifen hier schon seit Jahrhunderten die Weintrauben für den edlen heimischen Tropfen.

Die **Kirche St. Pankraz** markiert das Dorfzentrum und wir steigen bei der alten Post aus dem Postauto aus. Ca. 100 Meter nördlich der Haltestelle erspähen wir die Wegweiser, die uns die **Richtung nach Drône** angeben. Wir halten uns **links** zur **Bisse de Lentine,** steigen durchs schöne Grimisuat hinab, streifen den Friedhof und gelangen in einen Wald. In dieser wohlriechenden Kulisse erreichen wir bald ein grösseres Fahrsträsschen und eine Brücke, die wir überqueren, und steigen anschliessend steil links hinab: Wir haben den **Bissenweg** erreicht.

Die Wasserleitung wird unsere Begleiterin bis zum Lac du Mont d'Orge sein. Immer wieder treffen wir auf **Infotafeln,** die uns die Funktionsweise, die Geschichte und die Wichtigkeit der Suonen für die Walliser Bevölkerung näher bringen. Die Wasserleitung sprudelt munter neben uns in einem von **Steinen befestigten Bett** her und verschwindet nur ab und zu in kleinen Röhren oder Metallkanälen, um sich den Weg hinunter zum Lac du Mont d'Orge zu bahnen. Die Feuchtigkeit hat den Bissenweg in dunkles Grün verwandelt, das immer wieder von **bunten Bergblumen** durchbrochen wird.

Die Bisse de Lentine läuft auf weiten Strecken durch die **Weinberge von Savièse,** dem Weingebiet hoch über Sion, und bewässert seit jeher die Reben. Nach **Drône** erreichen wir denn auch die Weinberge, durch die wir, immer noch begleitet von der Bisse de Lentine, zum **Lac du Mont d'Orge** wandern. Die Aussicht über die **Weinterrassen** hinunter nach Sion ist phänomenal und ein leichter Wind lässt die Rebenblätter tanzen. Es hängen bereits dicke Trauben an den Reben, noch benötigen sie aber etwas Zeit zum Ausreifen.

Die Technik der Wasserleitungen oder **Wasserfuhren** geht auf das **frühe Mittelalter** zurück. Wasserarme Täler erbauten Wasserkanäle, um die Wiesen und Weinberge zu bewässern. Die Suonen oder Bisses sind vor al-

Schwierigkeitsgrad
Leichte Wanderung.

Richtzeit
Wanderzeit 2 Std.

An- und Rückreise
Ab Sion mit dem Postauto nach Grimisuat, Haltestelle Ancienne Post. Von La Muraz oder ab Lac du Mont d'Orge fährt das Postauto zurück nach Sion. Bitte für Hin- und Rückweg den Fahrplan beachten.

Weitere Informationen
www.grimisuat.ch
www.suonen.ch

Einkehrmöglichkeiten
In Grimisuat, La Muraz und Pont de la Morge.

Über Weinberge blickt man nach Sion

lem aus dem **Wallis** bekannt, aber auch im **Graubünden** und in anderen Gegenden des **Alpenraums** wurde künstlich gewässert. Klar ist, dass die Talbewohner eine schweisstreibende und anstrengende Arbeit bei der Errichtung dieser Bewässerungskanäle verrichteten.

Weniger angestrengt, aber mit vielen Eindrücken im Rucksack erreichen wir bald den **Lac du Mont d'Orge,** der zu einer Rast in herrlicher Umgebung einlädt. Seerosen bedecken den dunkelgrünen See, in welchem sich die kleinen weissen Wolken spiegeln. Wir packen unsere Leckereien aus und kühlen unsere Füsse. Die Bisse de Lentine endet hier. Weitere Wasserleitungen entspringen aus dem Lac du Mont d'Orge. Nach der ausgedehnten Rast treten wir bei der **Postautostation Lac du Mont d'Orge/La Muraz** den Heimweg an, der uns über **Sion** führt.

Tipp:
Vom Lac du Mont d'Orge fliesst die **Bisse de Mont d'Orge** Richtung **Pont de la Morge.** Sie stellt die Fortsetzung der Bisse de Lentine dar. Vom See können wir unsere Wanderung um gut eine Stunde verlängern und dann in Pont de la Morge das Postauto (kommend aus Aven) zurück nach **Sion** besteigen.

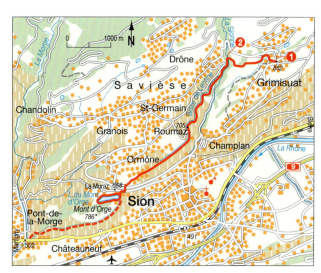

Standort Wanderwegweiser

Zum nächsten Zwischenziel
❶ Drône
❷ Lac du Mont d'Orge

22

Pfynwald – grosser Föhrenwald und schützenswertes Paradies im Rhonetal

Sierre – Pfynwald – Susten/Bahnhof Leuk 11,5 km, 3¼ Std.

Im letzten grossen Ort des Unterwallis, **Sierre,** beginnen wir unsere Wanderung durch das **Rhonetal.** Neben den wohl **ältesten Föhren in der Schweiz** warten auf uns **Erdgeschichte** und die **Rhone,** die hier noch ziemlich gemächlich gegen Süden fliesst.

Wir verlassen den **Bahnhof Sierre** auf der südlichen Seite, überqueren den Parkplatz und gehen die Strasse nach rechts in **Richtung Veloweg Chippis.** Beim Kreisel biegen wir **links** in das kleine Strässchen, das uns zum ersten von zwei idyllischen Weihern führt. Anschliessend überquert es mit uns den Hügelzug auf der linken Uferseite. In der Steigung halten wir uns **rechts** und gelangen bald zur **stark befahrenen Strasse,** die vom Lac de Géronde und von Chippis herkommt. Wir folgen dieser Strasse kurz und halten uns beim nächsten Kreisel **Rich-** **tung Forêt de Finges** (Wegweiser 1).
Bald erreichen wir die Rhone, überqueren diese und gelangen sogleich in den **Pfynwald.** Knorrige alte **Föhren** begrüssen uns. Als sich nach der letzten Eiszeit die Gletscher aus den Tälern zurückzogen, stürzten vom Hang oberhalb von **Salgesch riesige Erdmassen** hinunter und **riegelten das Tal** ab. Die Rhone durchbrach den Talriegel und gestaltete die Landschaft dieses Schuttkegels neu. Auf dem trockenen **Kegel zwischen Sierre und Leuk** entstanden **Föhrenwälder:** der heutige **Pfynwald.** Er ist nicht nur Zeugnis dieser für das Rhonetal massgeblichen erdgeschichtlichen Etappe, sondern bildet gleichzeitig die **Sprachgrenze** zwischen dem **französischsprachigen Unterwallis und dem deutschsprachigen Oberwallis.** Der Pfynwald ist ein **Naturreservat von nationaler Bedeutung**

Schwierigkeitsgrad
Leichte Wanderung.

Richtzeit
Wanderzeit 3¼ Std.

An- und Rückreise
Sierre ist gut über Lausanne oder Visp per Bahn erreichbar. Von Leuk fährt die Bahn zurück in Richtung Lausanne bzw. Visp/Brig. Der Bahnhof Leuk liegt direkt im kleinen Susten.

Weitere Informationen
www.pfyn-finges.ch
www.wallis.ch
http://tourismus.leuk.ch/

Einkehrmöglichkeiten
Restaurants in Sierre, die Buvette Salamin auf halbem Weg im Pfynwald sowie weitere Restaurants in Leuk.

Tipp
Das Baden in Teichen des Pfynwaldes ist verboten (Naturschutzgebiet). Auch Thomas Cook zog mit seiner Reisegruppe durchs Rhonetal auf der ViaCook, in: «Auf historischen Wanderrouten unterwegs durch die Schweiz», Bd. 2, Coop Presse Buchverlag.

und einer der **grössten Föhrenwälder Mitteleuropas.** Früher mieden Handelsreisende die Strecke durch den Wald, zu gross war die Angst vor Räubern. Heute ist ein Streifzug durch den Naturpark mit Staunen und unvergesslichen Eindrücken verbunden. Die Rhone fliesst **wild** durch den Pfynwald und gibt immer wieder neue Inseln frei, erobert sich aber auch bereits bestehende Landschaften zurück. **Die Flora (von Levkojen bis Federgras) und Fauna (von Bibern bis Libellen)** ist artenreich und vielseitig, **urwaldähnliche Abschnitte, Teiche, Biotope, Blumenwiesen** vereinen sich auf diesem Flecken Erde.

Biotop in urtümlicher Naturkulisse

So passieren wir im Pfynwald den romantischen **Rosensee**, gehen an der **Ermitage** und dem **Pfafforetsee** vorbei. Beim **Pfyndenkmal**, das an die Schlacht von **1799** erinnert, wandern wir weiter geradeaus durch den Pfynwald nach **Susten.** Wir gehen auf der Strasse nach links zur Rhone, die hier eigentlich **Rotten** heisst. In Susten beim Bahnhof Leuk (!) steigen wir in den Zug, der hier die Rhone überquert und an den Weinbergen von **Salgesch und Sierre Richtung Lausanne** bzw. auch in die andere Richtung nach **Visp/Brig** fährt.

Standort Wanderwegweiser

Zum nächsten Zwischenziel

❶ Forêt de Finges

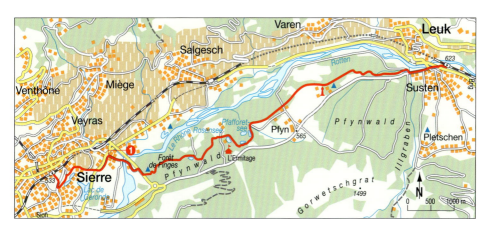

23

Eisige Wassermassen in der Walliser Bergwelt
Le Chargeur – Lac des Dix – Col de Riedmatten – Arolla 16,5 km, 6¼ Std.

Mit dem Postauto erreichen wir **Le Chargeur,** von wo die kleine Seilbahn hinauf zum **Lac des Dix** startet. Wir können zwischen der Fussweg- und der gemütlicheren Variante wählen. Wer den halbstündigen Anstieg in Angriff nimmt, wandert in vielen Kehren den Hang hinauf. Hierbei passiert man eine kleine Bergkapelle, die zum Dank des Gelingens der gewaltigen Staumauer errichtet wurde.

Wir wählen die kleine Seilbahn und lassen uns entspannt zur Dammkrone der **schwersten Staumauer der Welt** befördern. Die **Grande Dixence** ist **15 Millionen Tonnen** schwer und bringt somit mehr auf die Waage als die berühmte Cheops-Pyramide. Sie ist **285 Meter** hoch und staut seit 1961 bis zu **400 Millionen Kubikmeter** Wasser – ein imposantes Bauwerk!

Von der Bergstation wandern wir von der Wehrkrone rechts Richtung **La Barma** den See entlang. In eisigem Grau glitzert der See und spiegelt die Walliser Berge. Die Gegend besticht durch ihren hochalpinen Charakter. Im Talhintergrund blitzen der **Mont Blanc de Cheilon** (3827 m ü. M.) und der **Le Pleureur** (3703 m ü. M.) auf. Steil fallen die Felsen zum See hinab. Beeindruckend herb und schroff, aber nicht weniger faszinierend präsentiert sich uns diese Seite des Wallis.

Am oberen Ende des Sees erreichen wir die **Passerelle de Cheilon.** In schwindelerregender Höhe führt sie uns über die Schlucht der Dixence **Richtung Pas du Chat** und anschliessend zum **Col de Riedmatten.** Trittsicherheit und Konzentration sind gefragt! Wir entfernen uns zusehends vom Lac des Dix und nähern uns dem **Glacier de Cheilon,** der sich rechter Hand von uns über den Hang ausbreitet. Es breitet sich eine grossartige Gletscherwelt vor uns aus, deren Faszination wir uns nicht entziehen können. Langsam gewinnen wir an Höhe und halten auf dem **Col de Riedmatten (2919 m ü. M.)** inne, um die Aussicht, die Höhe und das erha-

Schwierigkeitsgrad
Anspruchsvolle Wanderung. Trittsicherheit und gute Kondition verlangt.

Richtzeit
Wanderzeit 6¼ Std.

An- und Rückreise
Ab Sion mit dem Postauto nach Le Chargeur, umsteigen auf die kleine Seilbahn hoch zum Lac des Dix. Von Arolla fährt das Postauto zurück nach Sion. Bitte für Hin- und Rückweg Fahrplan beachten.

Weitere Informationen
www.grande-dixence.ch
www.cabanedesdix.ch
www.arolla.com

Einkehrmöglichkeiten
Restaurants in Le Chargeur und Arolla.

bene Gefühl zu geniessen. Wir rasten kurz, um zu neuen Kräften zu kommen. Dabei blicken wir in die eisige Bergwelt: vom **Mont Blanc de Cheilon** über die **Pigne d'Arolla** (3790 m ü. M.) zum **Mont Collon** (3637 m ü. M.) – sensationell! Die Anstrengung hat sich mehr als gelohnt! Gestärkt machen wir uns an den Abstieg hinein ins **Val d'Arolla**. Er beginnt steil und wir müssen uns konzentrieren, damit wir nicht ausrutschen. Bald liegen die prekärsten Stellen hinter uns und saftige Alpweiden bilden unsere Wanderkulisse. Auch hier treffen wir wieder auf Gletscherwasser, das sich in kleinen Rinnsalen den Weg ins Tal bahnt. Der Wind trägt uns die gelegentlichen Warnpfiffe der Murmeltiere in die Ohren.

Wassermassen des Lac des Dix

Der letzte Teil dieser Hochgebirgswanderung endet in einem etwas steilen Abstieg. Im Zickzack geht es hinunter nach **Arolla**. Noch einmal schauen wir zum Mont Collon hinauf, bevor wir ins Postauto nach **Sion** steigen.

Tipp:
Wer die Tour auf zwei Tage verteilen möchte, wählt am Ende des Sees den Weg zur **Cabane des Dix.** 2008 feierte die Hütte ihren 100. Geburtstag! Wir tun gut daran, Essen und Übernachtung **anzumelden** (www.cabanedesdix.ch, ca. Mitte Juni bis um den 20. September bewartet). Am nächsten Tag wandern wir auf den signalisierten Wegen über den **Glacier de Cheilon** und erreichen dann den **Col de Riedmatten,** wo wir auf unsere **ursprüngliche Route** treffen.

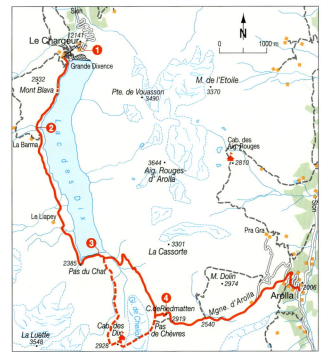

Standort Wanderwegweiser

Zum nächsten Zwischenziel

① La Barma
② Pas du Chat
③ Col de Riedmatten
④ Arolla

24

Im Quellgebiet der Maggia – zu den Bergseen Lago di Robièi, Lago Bianco und Lago dei Cavagnöö

Robièi – Lago di Robièi – Lago Bianco – Lago dei Cavagnöö – Robièi 9 km, 4 Std.

Ganz zuhinterst im **Val Bavona,** einem Seitental des **Vallemaggia,** liegt das kleine Dorf **San Carlo.** Die Steinhäuser sind typisch für das Bavonatal, das von wenigen Ausnahmen abgesehen nicht ganzjährig bewohnt ist. Besonders im Sommer herrscht aber in diesem engen U-Tal reger Betrieb: Wanderungen, Hochtouren und die **Bergwelt der Cristallina** ziehen viele Touristen an. Auch wir machen uns auf in die **Seenwelt der Cristallina.** Mit der Luftseilbahn schweben wir von San Carlo hinauf nach **Robièi,** ins **Quellgebiet der Maggia.**

Wir wandern von der Bergstation zum **Lago di Robièi** und umrunden den Stausee. Herrlich ist der Blick auf den **Pizzo dell' Arzo** (2755 m ü. M.). Sachte steigt der Weg an und wir geniessen das herrliche Grün des **Lago di Robièi.** Nachdem wir den See zu Dreivierteln umrundet haben, steigen wir einen kleinen Weg hoch und zweigen anschliessend **links** in die **alte Fahrstrasse** ein, der wir im weiteren Verlauf unserer Wanderung folgen. Sie ist gut zu begehen und so können wir uns ganz auf die hochalpine Bergwelt des Tessins konzentrieren. Langsam steigen wir dem **Lago Bianco** entgegen. Rechts von uns fliesst ein kleiner Bach, der sich seinen Weg in die Bavona sucht. Kurz vor dem Lago Bianco überqueren wir den Bach und ziehen an einem kleinen Vorsee vorbei und gelangen zum **Lago Bianco.** Er lockt und wir steigen hinunter zum Ufer, wo wir uns für eine kurze Rast niederlassen. Der **schneebedeckte und vergletscherte Gipfel** des **Basòdino** (3272 m ü. M.) glänzt am Horizont. Er gilt als einer der schönsten Aussichtspunkte im ganzen Alpengebiet und wird deshalb oft auch als **Rigi der Südschweiz** bezeichnet. Über-

all glitzern kleine Bäche in den grauen Felswänden und beleben die Bergwelt in ganz besonderer Weise. Mit ein wenig Glück erblicken wir **Steinböcke** und **Gämsen.** Die **Alpenflora** ist besonders im Sommer, während des **Bergfrühlings,** vielfältig und farbenfroh und lässt jedes Botanikerherz höher schlagen.

Wir wandern auf der alten Fahrstrasse weiter und gewinnen dabei stetig an Höhe. Die Aussicht auf den Basòdino bleibt **phäno-**

Schwierigkeitsgrad
Mittelschwere Wanderung.

Richtzeit
Wanderzeit 4 Std.

An- und Rückreise
Robièi erreicht man mit der Luftseilbahn San Carlo im Val Bavona. Ab Locarno fährt das Postauto über Maggia nach Bignasco. In Bignasco umsteigen auf das Postauto nach San Carlo Stazione (fährt von Anfang April bis Ende Oktober – bitte Fahrplan beachten). Die Luftseilbahn ist von ca. Mitte Juni bis ca. Mitte Oktober in Betrieb – bitte Fahrplan beachten (www.robiei.ch). Die Rückreise erfolgt in umgekehrter Richtung.

Weitere Informationen
www.vallemaggia.ch
www.robiei.ch

Einkehrmöglichkeit
Hotel Robièi

Steinige Landschaft am Lago di Robièi

menal. In mehreren Serpentinen schlängelt sich die Fahrstrasse den Hang hinauf und es öffnet sich uns ein atemberaubender Blick auf den **Lago dei Cavagnöö,** der am Fusse des **Pizzo Cavagnöö** (2837 m ü. M.) gut geschützt liegt. Links vom Pizzo Cavagnöö erhebt sich der **Pizzo dell'Arzo** (2755 m ü. M.). In dieser majestätischen Kulisse setzen wir unsere Wanderung fort, überwinden die Staumauer und halten uns **rechts,** der **Cresta dell'Arzo** entlang. Beim **Punkt 2447** gehen wir links und beginnen sachte mit dem **Abstieg** hinunter nach **Robièi.** Unterirdisch verlaufen unzählige Kanäle, die das Wasser zur Stromgewinnung zu den Kraftwerken leiten.

Schon von Weitem sehen wir das **auffällige achteckige Hotel Robièi,** das noch aus der Zeit des **Staudammbaus** stammt. Wohlbehalten kommen wir in Robièi an und genehmigen uns im Hotel eine Erfrischung. Nochmals geniessen wir den herrlichen Blick auf den **vergletscherten Basòdino,** bevor wir per Luftseilbahn hinunter ins Val Bavona schweben.

Standort Wanderwegweiser

Zum nächsten Zwischenziel

1. Lago di Robièi
2. Lielpe
3. Lago dei Cavagnöö
4. Lago dei Cavagnöö
5. Cresta dell'Arzo
6. Gh. dei Cavagnoli
7. Robièi

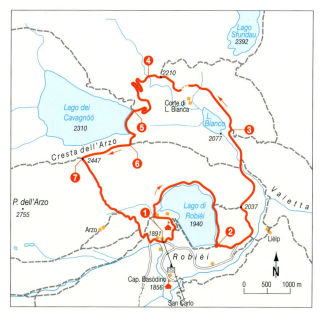

Auf dem Sentiero Magadino, von Bellinzona entlang des Ticino

Bellinzona – Giubiasco – Bolle di Magadino – Magadino 17 km, 4 Std.

In **Bellinzona** beginnen wir unsere Wanderung entlang des **Ticino**. Der Namensgeber des Kantons Tessin fliesst hier ruhig gegen Süden. Früher **überschwemmte** er immer die **Magadinoebene**, machte eine **kontinuierliche Landwirtschaft unmöglich** und schuf ideale Bedingungen für die **Verbreitung von Krankheitserregern** wie beispielsweise jene der **Malaria**. Mit der **Gewässerkorrektur**, die bis ins **20. Jahrhundert** andauerte, wurde die Magadinoebene urbar und kultivierbar gemacht: Die Gemüseskammer des Tessins entstand. Gleichzeitig zog das neu gewonnene Gebiet auch Industrie und Handel an.

Am Bahnhof von Bellinzona schlagen wir die **Richtung nach Giubiasco** ein. Wir streifen durch die obere Stadt, halten uns vor dem Hügel des Castelgrande **rechts**, passieren das Stadion und das Freibad und befinden uns sogleich am **Ufer des Ticino**. Wir folgen dem ausgeschilderten **Sentiero Magadino**. Majestätisch ragt das **Castelgrande** über der Stadt. Die einstige Talsperre, die aus den drei Burgen – **Castelgrande, Montebello und Sasso Corbaro** – und der grosszügigen **Befestigungsanlage** bestand, machte ein unkontrolliertes Durchkommen unmöglich. Bellinzona regelte im **Mittelalter** den Waren- und Handelsverkehr zwischen Norden und Süden und nahm daher eine äusserst wichtige Position ein. Seit **dem Jahr 2000** gehören die Stadt-Kastelle dem **Unesco-Welterbe** an und sind das **Wahrzeichen Bellinzonas** schlechthin.

Die Häuser von **Giubiasco** schliessen nahtlos an Bellinzona an. Wir streifen das Dorf und überqueren bald die **Morobbia**, die aus dem **Valle di Morobbia** in den Ticino mündet. Es geht immer geradeaus. Die Besiedlung der Magadinoebene ist weniger dicht und die grossen Äcker breiten sich linker Hand von uns aus. Auf der anderen Seite des Ticino sonnen sich die

Schwierigkeitsgrad
Leichte Wanderung.

Richtzeit
Wanderzeit 4 Std.

An- und Rückreise
Bellinzona ist gut von Norden oder Süden her mit der Bahn erreichbar. Von Magadino-Vira steigt man in die Bahn Richtung Bellinzona oder mit dem Postauto nach Cadenazzo. Oder man fährt mit dem Schiff von Magadino nach Locarno und steigt da auf die Bahn um.

Weitere Informationen
www.ticino.ch
www.bellinzonaunesco.ch

Einkehrmöglichkeiten
Restaurants in Bellinzona und erst wieder in Magadino im Ristorante Al Lago.

Bolle di Magadino

entdecken möchte, kann dies auf dem eingerichteten **Naturlehrpfad** tun (Wanderzeit erhöht sich um 1–2 Stunden).

Voller Eindrücke wandern wir nach **Magadino**, das einst **Knotenpunkt im Handelsverkehr** zwischen Norden und Süden war, denn hier wurden die **Güter von den Schiffen** auf die **Saumtiere** umgeladen. Wir erholen uns von der schönen Wanderung auf der Terrasse des Ristorante al Lago, bevor wir per Bahn oder Schiff die Heimreise antreten.

Weinberge. Wie ein Gürtel, der von Tenero/Gordola abgeht, ziehen sich die Weinreben an diesem Südhang gegen Norden. Hier reifen die Trauben für den bekannten **Tessiner Merlot**.
Bei der Ponte di Gudo zeigt uns der Wegweiser die Richtung nach **Bolle di Magadino**. Langsam verändert sich die Landschaft: Auenwälder wachsen hier, der Boden ist etwas morastig, die Vogelstimmen übertönen die Traktorengeräusche und die Flora ist artenreicher. Bald haben wir die scharfe Abzweigung nach links **Richtung Magadino** erreicht. Von hier aus kann, wer Lust und Zeit hat, einen Abstecher in das **Naturschutzgebiet am Ticinodelta**, in den **Bolle** (ital. für **Sumpf**), machen. Im Bolle greift das Wechselspiel zwischen Verlandung und Überflutung noch. Wer dieses einzigartig Stück Natur

Standort Wanderwegweiser

Zum nächsten Zwischenziel

① Giubiasco
② Giubiasco
③ Sentiero Magadino
④ Bolle di Magadino
⑤ Magadino

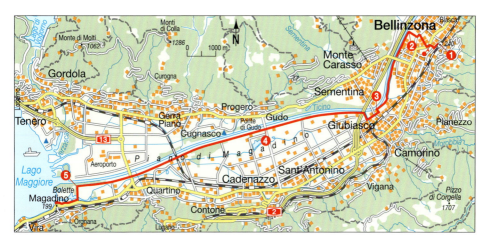

Grenzwandern am Lago di Lugano – von Magliaso nach Ponte Tresa

Magliaso – Caslano – Ponte Tresa 7,5 km, 1¾ Std.

Mit der **Schmalspurbahn** fahren wir von Lugano aus durch den schönen **Malcantone** nach **Magliaso**. Die kurzweilige Fahrt durch dieses unentdeckte Stückchen Schweiz verstärkt unsere Vorfreude auf die bevorstehende Wanderung entlang der Ufer des **Lago di Lugano**.

Am Bahnhof von Magliaso schlagen wir die **Richtung nach Caslano** ein. Wir wandern entlang des Golfplatzes zum Ufer des Lago di Lugano, halten uns links, überqueren die Magliasina und spazieren auf einem angenehmen Weg nach **Caslano**, das am Fusse des **Monte Caslano** liegt. Das pittoreske Dorf ist eine Besichtigung wert. Die engen Gassen, die verträumte Lage sowie das italienische Flair verleihen Caslano einen ganz besonderen Charakter. Seit **1957** wird in Caslano **Schokolade** hergestellt. Gegründet wurde die Schokoladenfirma unter dem Namen **Tit-lis-Chocolat,** heute ist sie unter **Alprose** weit über die Landesgrenze hinaus bekannt. Das **Alprose Schokoladenmuseum** präsentiert die Welt der Schokolade von ihren Anfängen bis heute. Wer könnte dieser süssen und lehrreichen Versuchung widerstehen?

Gestärkt ziehen wir weiter und umrunden den **Monte Caslano**. Wir durchstreifen **Fornaci** und gelangen zum Kreuz von **Poncione,** von wo wir einen herrlichen Blick auf das gegenüberliegende **Carabietta** geniessen. Kurz vor **Torrazza** verengt sich der See und wir sind bloss einen Steinwurf von Italien entfernt. Der Monte Caslano scheint sich an der Grenze entlang zu schlängeln, schön darauf bedacht, den Schweizer Boden nicht zu verlassen. Nach Torrazza aber weitet sich der See und wir blicken hinüber nach **Ponte Tresa**. Bei Cantonetto, bei der **Via San Mi-chele,** haben wir den Monte Caslano umrundet. Wer sich noch ein wenig verausgaben möchte, kann von dort den **Naturlehrpfad** auf den Monte Caslano in Angriff nehmen.

Um interessante Informationen über **Fauna, Flora und über das Charakteristische dieser Tessiner Landschaft** reicher kehren wir zur Via San Michele zurück und folgen ihr, bis wir zur grossen Strasse gelangen. Hier halten wir uns links und wandern dem Ufer des Lago di Lugano entlang nach **Ponte Tresa** hinein. Ponte Tresa markiert die schweizerisch-italienisch Grenze und ist ein farbenfroher Flecken Erde. Bunte Häuser säumen den

Schwierigkeitsgrad
Leichte Wanderung.

Richtzeit
Wanderzeit 1¾ Std.

An- und Rückreise
Magliaso ist ab Lugano FLP mit der Schmalspurbahn erreichbar. Von Ponte Tresa fährt die Schmalspurbahn oder das Schiff (bitte Fahrplan beachten: www.lakelugano.ch) zurück nach Lugano.

Weitere Informationen
www.lugano-tourism.ch
www.alprose.ch

Einkehrmöglichkeiten
Mehrere Restaurants in den Ortschaften: Magliaso, Caslano und Ponte Tresa.

Mediterraner Lago di Lugano

Marktplatz auf der italienischen Seite. Auf der **Piazza Mercato** herrscht am Samstag buntes Treiben, wenn allerlei feil geboten wird! Der Grenzübergang nach Italien wurde bereits früh rege genutzt und Ponte Tresa mauserte sich zu einem **Handelsknotenpunkt.** Mit dem Bau des Damms von Melide verlor aber das Brückendorf an wirtschaftlicher Bedeutung. Dafür entdecken wir nun auf unserem Streifzug durch Ponte Tresa die charmanten Seite des Dorfes: malerische Lauben, die **Pfarrkirche San Bernardino (15. Jahrhundert)** mit **schönen Fresken** und die verträumten Gassen. Die **Tresa,** Namensgeberin von Ponte Tresa, verlässt hier den **Luganersee** und mündet ca. 15 Kilometer später in den **Lago Maggiore.** Wir lassen uns in einem Café nieder und beschliessen unsere heutige Wanderung mit einem Cappuccino, bevor wir mit der **Schmalspurbahn** oder dem Schiff zurück nach Lugano tuckern.

Standort Wanderwegweiser

Zum nächsten Zwischenziel

1. Caslano
2. Torrazza
3. Via San Michele (Strassenschild)

27

Melchsee und Tannensee – zu fantastischen Bergseen der Zentralschweizer Voralpen

Melchsee-Frutt – Bonistock – Tannalp – Tannensee – Melchsee-Frutt 11 km, 3½ Std.

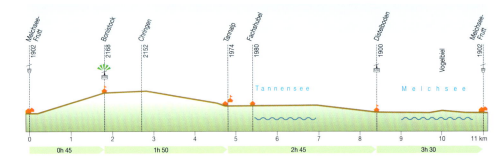

Bereits die Anfahrt nach **Melchsee-Frutt** ist etwas aussergewöhnlich: Per Gondel schweben wir dem kleinen Ferienort entgegen. Auf 1900 m ü. M. liegt das Dorf, von welchem man über das grüne Hochtal zwischen **Sarner- und Vierwaldstättersee** blickt. Streichelzoo, Themenwege und viele Spielplätze sowie Grillstellen ziehen insbesondere Familien an. Bei der Bergstation halten wir zum **Melchsee** zu, der im Morgenlicht glitzert. Das Wasser kräuselt sich und das Wolkenspiel spiegelt sich im dunklen Wasser. Wir wandern **Richtung Bonistock.** Linker Hand erhebt sich der Ausläufer der **Hohmad-Kette,** deren Namensgeber, der **Hohmad** (2425 m ü. M.) uns die Richtung weist. Unter uns fliesst der Tannenbach. Die Gegend ist etwas steinig und karstig, doch wir geniessen einen wunderbaren Blick über das Tal, das sich grün und hügelig vor uns ausbreitet. In

Bonistock treffen wir auf die Bergstation der Bergbahn, die den Bonistock mit dem Distelboden verbindet.
Wir setzen unsere Wanderung **Richtung Chringen** fort und beschreiten unterhalb des **Gross Hohmad** (2306 m ü. M.) zweite weite Kehren, die uns hinunter auf die **Tannalp** bringen. Wir überqueren dabei unzählige Bächlein, die sich ihren Weg in den **Tannensee** suchen. Dieser liegt dunkelblau unter uns. Ganz klein stehen viele Fischer geduldig am Ufer und warten auf Beute. Sowohl der Tannensee wie auch der Melchsee sind **forellenreich** und sehr beliebt bei Anglern. Auf der Tannalp angekommen, lassen wir uns im gleichnamigen Restaurant nieder und zeichnen mit unserem Blick unseren bisherigen Streckenabschnitt nach.
Ausgeruht wandern wir weiter zum Tannensee. Bei Fachshubel folgen wir dem Wegweiser **Richtung Melchsee-Frutt** und wandern dem linken Ufer entlang. Kleine Wollblumen tanzen

Schwierigkeitsgrad
Mittelschwere Wanderung.

Richtzeit
Wanderzeit 3½ Std.

An- und Rückreise
Melchsee-Frutt ist mit der Gondelbahn erreichbar. Mit der Bahn bis Sarnen, da umsteigen auf den Bus bis Stöckalp, wo die Talstation der Gondelbahn liegt. Die Rückreise treten wir in umgekehrter Richtung an. Im Sommer ist Melchsee-Frutt ab Stöckalp auch mit dem Auto über eine kleine Strasse erreichbar.

Weitere Informationen
www.melchsee-frutt.ch

Einkehrmöglichkeiten
Restaurant Bonistock, Restaurant Tannalp, Restaurant Distelboden am Melchsee.

Tipp
Wanderung ist je nach Schneeverhältnissen von Anfang Juni bis Ende Oktober zu begehen.

Am besten per Gondel erreichbar – der Melchsee

im Wind und über uns schweben Paraglider.
Bald erreichen wir das Ende des Sees und halten uns weiter **geradeaus** nach **Melchsee-Frutt**. Der Weg fällt unmerklich ab und wir durchqueren ohne grosse Anstrengung den Talboden. Im Winter wird diese Gegend von Langläufern und Winterwanderern dominiert. Wir können uns bestens vorstellen, wie Langläufer genussvoll durch die Loipen gleiten und die fantastische Winterlandschaft geniessen. Wir schütteln den Gedanken an den Winter ab, haben wir doch eben den **Melchsee** erreicht, der Kühle verspricht. Beim Distelboden schlagen wir den **Rundwanderweg** um den Bergsee ein und ziehen an den Skiliften vorbei. Ein schöner Picknickplatz lädt zum Rasten ein und wir steigen rasch aus unseren Schuhen, um die Füsse zu kühlen. Man könnte ewig rasten und die Landschaft in sich aufnehmen.

Munter nehmen wir das letzte Teilstück unserer Wanderung in Angriff und umrunden weiter den Melchsee. Auf der Höhe von **Vogelbiel** erblicken wir auf der anderen Seeseite die bekannte **kleine Kapelle** von Melchsee-Frutt, die gerade im Winter ein tolles Fotosujet abgibt. In **Melchsee-Frutt** angekommen beschliessen wir unsere Seenwanderung und schauen uns noch ein wenig im kleinen Feriendorf um, bevor wir uns per Gondel auf den Heimweg machen.

Standort Wanderwegweiser

Zum nächsten Zwischenziel

❶ Bonistock
❷ Chringen
❸ Tannalp
❹ Tannensee
❺ Melchsee-Frutt
❻ Melchsee-Frutt (geradeaus)
❼ Seerundgang

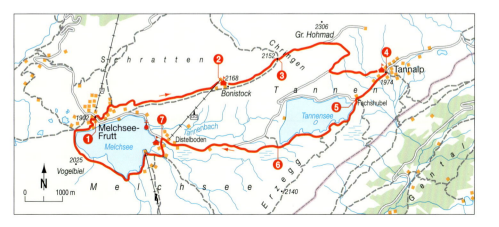

28

Auf dem Weg der Schweiz den Urnersee entlang – von Bauen nach Flüelen

Bauen – Isleten – Bolzbach – Seehof – Flüelen 10 km, 2¾ Std.

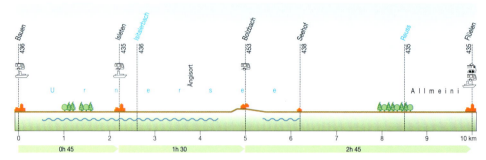

Das kleine **Bauen** liegt gut geschützt in einer Bucht am **Urnersee**. Vom Schiff aus erspähen wir schon von Weitem die schöne **Pfarrkirche St. Idda (1808),** die sich aufgrund ihrer vorzüglichen Lage bei Hochzeitspaaren grosser Beliebtheit erfreut. Bauen ist die **kleinste Gemeinde des Kantons Uri,** aber von grosser Bedeutung für die Schweiz: 1808 erblickte **Pater Alberik Zwyssig** das Licht der Welt. Er komponierte später die **Melodie der Schweizer Nationalhymne** «Trittst im Morgenrot daher». Ein stattliches **Denkmal** sowie eine **Gedenktafel** an der Pfarrkirche ehren diesen Sohn Bauens.
Bauen ist Etappenort des **Weges der Schweiz.** Zum **700-jährigen Jubiläum der Schweiz** wurde dieser **35 Kilometer lange Wanderweg,** der vom **Rütli bis nach Brunnen** führt, eingeweiht. Sämtliche Kantone beteiligten sich an der Gestaltung dieses speziellen Wanderwegs. Auf unserer Wanderung von Bauen nach Flüelen werden wir auf die Kantone Glarus, Bern, Fribourg und Solothurn treffen.
So nehmen wir unsere Reise durch die Schweiz in Angriff. Wir wandern dem Ufer des Urnersees entlang **Richtung Isleten.** Südliche Pflanzen stechen uns ins Auge: Palmen, Feigen und Bananenbäume gedeihen in Bauen, das mässige Klima sowie die geschützte Lage machen es möglich. Wir blicken über den See und erahnen auf der anderen Seite des Sees die **Tellskapelle.** Dort soll sich **Tell** mit einem Sprung aus dem Ruderboot des **Landvogts Gessler** gerettet haben.
Bewaldete Hänge erheben sich rechter Hand von uns und wir geniessen wunderbare Weitblicke über den Urnersee. Abenteuerlich gestalten sich die gelegentlichen Wegabschnitte, die

Schwierigkeitsgrad
Leichte Wanderung.

Richtzeit
Wanderzeit 2¾ Std.

An- und Rückreise
Mit der Bahn bis nach Flüelen und umsteigen aufs Schiff nach Bauen (bitte Fahrplan beachten – www.lakelucerne.ch). Von Flüelen fahren Bahn und Schiff in Richtung Luzern. Mit der Bahn muss man in Arth-Goldau umsteigen.

Weitere Informationen
www.bauen-ur.ch
www.i-uri.ch
www.weg-der-schweiz.ch
www.lakelucerne.ch

Einkehrmöglichkeiten
Restaurant Seegarten, Isleten und Seerestaurant bei Seedorf. Weitere Restaurants in Bauen und Flüelen.

Tipp
Die ViaGottardo ist in folgendem Buch nachzulesen: «Auf historischen Wanderrouten unterwegs durch die Schweiz», Bd. 3, Coop Presse Buchverlag.

durch **Felsgalerien** führen. Bald erreichen wir das kleine Isleten, wo das Restaurant Seegarten lockt.
Gestärkt setzen wir unsere Wanderung fort. Ab und zu halten wir inne, um die **kantonalen Kunstwerke** auf dem Weg der Schweiz zu betrachten. Bald haben wir bei Seehof das Ende des Urnersees erreicht und schlagen nun die **Richtung nach Flüelen** ein. Rechter Hand erstreckt sich **Seedorf**. Wir wandern über das Mündungsgebiet der Reuss, die hier in den Urnersee fliesst. Das **Reussdelta** steht unter **Naturschutz** und ist das Zuhause von unzähligen Wasservögeln. Gegen links blicken wir über den dunklen See, gegen

Ob aufs Schiff gewartet wird?

rechts nach **Altdorf** und zu den schroffen Bergen des **Schächentals**. Beim **Reusssteg** überqueren wir den Fluss und ziehen über die Allmeini nach Flüelen. Flüelen bildet die **geografische Mitte** des Weges der Schweiz. Seit jeher ist das Dorf ein wichtiger **Umschlagplatz** im Verkehr Richtung Süden. Im Mittelalter legten hier die grossen Schiffe an, die Ware wurde umgeladen und man machte sich von Flüelen zu Fuss auf über den Gotthard. Wer die Strecke des alten Saumweges nachgehen möchte, kann dies auf der **ViaGottardo** tun. Die **Burg Rudenz** ist das Wahrzeichen Flüelens und entstand im frühen 13. Jahrhundert. Sie diente zur **Kontrolle des Gotthardweges.** In Flüelen beschliessen wir unsere Wanderung und können zwischen zwei Heimwegen wählen: Wir fahren mit dem **Schiff**, eventuell gar mit einem der historischen Raddampfern, nach Luzern oder steigen in die **Bahn** Richtung Arth-Goldau.

Standort Wanderwegweiser

Zum nächsten Zwischenziel
1. Isleten
2. Seedorf Unterdorf
3. Flüelen

29

Geschichte in romantischer Kulisse, von Unterägeri nach Morgarten

Unterägeri – Wilbrunnen – Nas – Schornen – Morgarten 10 km, 2½ Std.

Am unteren Ende in malerischer Lage am **Ägerisee** liegt **Unterägeri**. In der ersten Hälfte des 19. Jahrhunderts entstanden in Unterägeri zwei **Spinnereien,** die für Arbeitsplätze und den wirtschaftlichen Aufschwung sorgten. Ab 1880 machte sich Unterägeri einen Namen als **Kurort.** Die **Kinderheilstätten** waren weithin bekannt. Wer mehr über Unterägeri und seine Geschichte erfahren möchte, kann dies auf dem ausgeschilderten **ortskundlichen Weg,** der 2009 eröffnet wurde, tun. Ein Plan ist bei der Gemeindekanzlei oder auf der Gemeindewebsite (www.unteraegeri.ch) erhältlich.

Wir folgen in der Ortsmitte dem Wegweiser nach **Wilbrunnen** und überqueren dabei die Lorze und nach Unterägeri den Hüribach. Der Weg führt uns am Campingplatz vorbei und bald erreichen wir bei Wilbrunnen das malerische Seeufer. Wir lassen die Häusergruppe hinter uns und wandern auf einem verkehrsfreien Weg den Ägerisee entlang. Das Schilf wiegt sich im Wind hin und her, Enten schnattern aufgeregt und Schwäne ziehen bedächtig ihre Bahnen. Auf der gegenüberliegenden Seite erhebt sich der Höhenzug vom **Morgartenberg,** daneben erblicken wir den **Gottschalkenberg** sowie den **Ratenpass,** von wo man zum **Hochmoor bei Rothenthurm** gelangt.

Während rund eines Kilometers wandern wir im kühlen Wald, der sich entlang der **Rapperenflue** erstreckt. Wir treten aus dem Wald und erblicken den kleinen Weiler **Nas.** Der grössere Bootssteg verrät uns, dass hier die Schiffe der Ägeriseeflotte anlegen.

Wir widerstehen der Verlockung, aufs Schiff umzusteigen, und ziehen weiter dem oberen Ende des Ägerisees entgegen. Es geht an Campingplätzen vorbei und beim **Punkt 747** halten wir uns rechts zum **1322 erbauten Letziturm Schornen,** der zu der mittelalterlichen Wehranlage gehörte. In unmittelbarer Nähe steht nicht nur das Restaurant Schornen, das uns zu einer Rast

Schwierigkeitsgrad
Leichte Wanderung.

Richtzeit
Wanderzeit 2½ Std.

An- und Rückreise
Unterägeri ist gut mit der Bahn bis Zug und dann mit dem Zugerlandbus erreichbar. Von Morgarten kann man mit dem Bus, mit Umsteigen in Oberägeri, zurück nach Zug fahren oder mit dem Schiff zurück nach Unterägeri tuckern und dort auf den Bus nach Zug umsteigen.

Weitere Informationen
www.unteraegeri.ch
www.aegerital.ch
www.aegerisee-schifffahrt.ch

Einkehrmöglichkeiten
In Unterägeri, am Schornen und in Morgarten.

einlädt, sondern auch die **Gedenkkapelle** sowie das **Schlachtfeld der Schlacht am Morgarten.** Hier spielte sich am **15. November 1315** Dramatisches ab: Die Schwyzer mit ihren Verbündeten überraschten die herannahenden Österreicher. Sie seien mit der Botschaft **«Hütet euch am Morgarten»** vor den Feinden gewarnt worden. So gingen sie in Stellung und liessen Steine und Felsen auf die österreichischen Truppen hinunterrollen. Die Pferde scheuten und der Kampf setzte sich auf gleicher Augenhöhe fort. Die Schwyzer schlugen die Truppen Herzog Leopolds in die Flucht. **1603** wurde die barocke Kapelle erbaut und jedes Jahr am 15. November findet hier zum Gedenken an die gefallenen Soldaten ein Gottesdienst statt.

Voller Eindrücke folgen wir beim Restaurant Schornen der **nationalen Veloroute Nr. 9 nach Morgarten.** Unweit des schönen Dorfes steht das **1908 eingeweihte Schlachtdenkmal,** eigentlich an falscher Stelle, da

Seerosenteppich auf dem Ägerisee

man irrtümlicherweise annahm, die Schlacht habe sich nahe dem Dorf zugetragen. In **Morgarten** angekommen können wir während der Sommermonate wählen, ob wir mit dem Bus oder dem Schiff zurück nach Unterägeri fahren möchten. Wir entschliessen uns zu einer beschaulichen Schifffahrt, die uns wunderschöne Blicke über das **Hochtal zwischen Rossberg und Gottschalkenberg** öffnet.

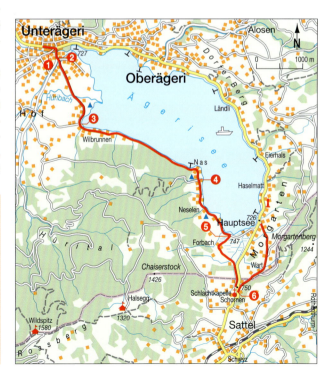

Standort Wanderwegweiser

Zum nächsten Zwischenziel

1. Morgarten
2. Wilbrunnen
3. Nas
4. Morgarten
5. Forbach
6. Morgarten Hauptsee

30

Versteckter Bergsee –
rund um den Wägitalersee
Innerthal – Hinter Bruch – Brandhaltli – Innerthal 13 km, 3½ Std.

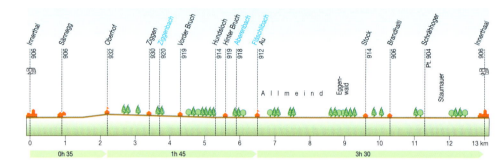

Von **Siebnen** fahren wir mit dem Postauto hinein ins **Wägital**. **1894** erschloss die **Post** das Wägital und fuhr mit **Pferdekutschen** über eine Furcht erregende «Strasse» hinauf ins Wägital. Heute gelangen wir auf der breiten Strasse hinein in das kleine Bergtal, wo der **Wägitalersee,** die umliegenden bewaldeten Hänge und der wolkenfreie Himmel eine herrliche Kulisse bilden.

In **Innerthal** folgen wir dem Wegweiser **Richtung Hinter Bruch.** Dem Wägitalersee entlang wandern wir auf einem asphaltierten Strässchen, auf dem wir den ganzen See umrunden werden. **1924** wurde der **Aberenbach** gestaut. Das alte Innerthal ging in den Fluten unter. Bevor die Talsperre gebaut wurde, befand sich auf dem Gebiet des Stausees ein **Bade- und Kurhotel,** das regen **Touristen- und Kurverkehr** ins Wägital brachte. Heute ist von den flanierenden Kurgästen nichts mehr übrig, dafür überholen uns einige Biker und Skater und im flachen Wasser stehen Fischer, die geduldig auf Beute warten.

Wir wandern über **Halten, Heuboden, Sännegg** und **Oberhof** dem Wasser entlang und geniessen die Morgensonne. Bei Oberhof tauchen wir in einen schattigen Wald ein und setzen unsere Seeumrundung fort. Schnatternde Enten und das Singen der Vögel sind unsere Weggefährten.

Auf kleinen Booten erspähen wir weitere Fischer, die immer wieder ihre Angel auswerfen. Kurz vor Ziggen treten wir aus dem Wald auf eine Lichtung. Der Weg windet sich eng am Ufer entlang und wir gelangen bald ans **obere Ende des Sees.** Vor Hinter Bruch liegt die **Hundslochquelle,** zu welcher wir einen kurzen Abstecher machen. Dunkles sprudelndes Wasser regt sofort unsere Fantasie an: Welches Höhlentier mag sich da unten wohl verstecken? Sollten Höhlentaucher gerade aus den Tiefen des Hundslochs steigen, können wir sie ja fragen ...

Beeindruckt machen wir uns auf nach **Hinter Bruch,** wo wir uns

Schwierigkeitsgrad
Leichte Wanderung.

Richtzeit
Wanderzeit 3½ Std.

An- und Rückreise
Innerthal ist gut mit Bahn und Postauto erreichbar. Mit der Bahn über Zürich oder Luzern, Thalwil nach Siebnen-Wangen. In Siebnen-Wangen umsteigen aufs Postauto bis Innerthal Post.

Weitere Informationen
www.stausee.ch
www.innerthal.ch

Einkehrmöglichkeiten
Gasthaus Stausee in Innerthal, Restaurant Oberhof und Restaurant Au.

weiter zum Restaurant Au halten. Wir überqueren den Aberenbach und begeben uns auf die andere Seeseite. Der Weg führt uns durch den Wald, anschliessend über eine Lichtung nach **Au.** Hier lassen wir uns für eine ausgiebige Rast nieder und geniessen die herrliche Landschaft.

Gestärkt setzen wir unsere Wanderung fort und ziehen über die Allmeind **Richtung Brandhaltli.** Immer wieder springen wir über kleine Bäche, die in den Wägitalersee münden, und halten ab und zu inne, um unseren Blick über den See schweifen zu lassen. Bevor wir in den Eggenwald hineinspazieren, erspähen wir auf der gegenüberliegenden Seeseite Oberhof. Über **Stock** gelangen wir nach **Brandhaltli,** wo wir dem Wegweiser nach **Innerthal** folgen. Bald haben wir das andere Ende und somit die **Staumauer** des **Wägitalersees** erreicht. Bei **Schrähhoger** überqueren wir die Talsperre und wandern entlang des Ausläufers des Gugelbergs nach **Innerthal** zurück. Bis unser Postauto nach Siebnen abfährt lassen wir uns am Wasser nieder.

Friedliche Wanderkulisse und herrlicher Bergsee

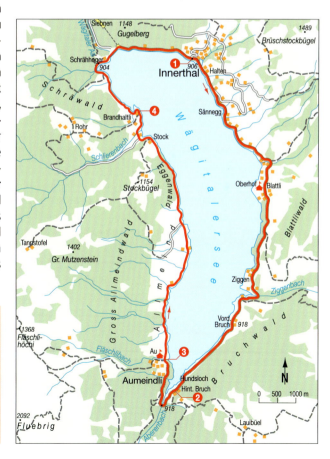

Standort Wanderwegweiser

Zum nächsten Zwischenziel

❶ Hinter Bruch
❷ Restaurant Au
❸ Brandhaltli
❹ Innerthal

31

Durch das Glarner Linthal – wo Industrie und Wasser zusammenspielen

Schwanden – Luchsingen – Rüti – Linthal 11,5 km, 3 Std.

Der Kanton Glarus ist nicht nur wegen des **Martinslochs,** der **Glarner Halstücher** und der **Landsgemeinde** bekannt, sondern auch wegen seiner seit jeher gut ausgebauten Textilindustrie. In den Tälern der Linth sowie der Sernf stossen wir auf den **Glarner Industrieweg,** der uns auf insgesamt 50 km Länge zu über 80 Objekten aus Vergangenheit und Gegenwart bringt: Alte Fabriken und moderne Anlagen wechseln sich hierbei ab. Egal ob historisch oder modern, jeder Industriezweig wusste um den vorteilhaften Standort am Wasser. An vielen Stellen des Weges warten zudem schöne Grill- und Rastplätze auf uns, wo wir das Erlebte in Ruhe Revue passieren lassen können.
So machen wir uns am **Bahnhof von Schwanden** auf, einen Teil dieses **Industrieweges** der **Linth** entlang zu entdecken. Wer einen gelben Strich auf der Strasse bemerkt, hat den **47. Breitengrad,** der Schwanden durchquert, entdeckt.
Wir wandern in südwestliche **Richtung gegen Luchsingen.** Es geht vorbei an den Industrieanlagen, dem Schwimmbad und dem Sportplatz zur Station Nidfurn-Haslen. Unmerklich steigt der Weg an und wir wandern leichten Fusses weiter die Linth entlang. Sie entspringt im **Tödi-Massiv** und mündet in den Walensee, den sie später im Linthkanal bei Weesen verlässt. Bald erblicken wir die kleine Häuseransammlung **Leuggelbach, das kleinste Dorf des Glarnerlandes.** Wir schauen uns um, betrachten beide Talflanken und bestaunen den «schönsten Glarner», den **Tödi** (3614 m ü. M.). Für ein kurzes Stück verweilen wir auf der Strasse, um alsbald nach links **Richtung Luchsingen** abzubiegen. Wir durchqueren die Luchsinger Wiesen, treten ins Dorf hinein und passieren den Bahnhof von **Luchsingen.** Von da gehen wir weiter geradeaus und überqueren die Linth auf der Hauptstrasse. Nach der Brücke biegen wir rechts ab und folgen dem weiteren Verlauf der Strasse, die uns an das Linthufer bringt. Linker Hand erstrecken sich die

Schwierigkeitsgrad
Leichte Wanderung.

Richtzeit
Wanderzeit 3 Std.

An- und Rückreise
Schwanden erreicht man per Bahn über Glarus. In Linthal steigen wir in die Bahn zurück nach Glarus ein.

Weitere Informationen
www.schwanden.ch
www.linthal-rueti.ch
www.glarusnet.ch

Einkehrmöglichkeiten
Restaurants in Schwanden, Luchsingen und Linthal.

Die Industrie nutzt die Wasserkraft

Gestärkt wandern wir weiter taleinwärts und lassen uns dabei die Vergangenheit auf den Infotafeln nicht entgehen. Es geht vorbei an **Diesbach,** wir überqueren die Linth und lernen in Betschwanden, was **Wasserfassungen** sind.

Nach Rüti neigt sich unsere Wanderung bald ihrem Ende zu. Wir wandern zum **Bahnhof von Linthal,** wo wir mit der Bahn zurück nach Schwanden beziehungsweise nach Glarus fahren.

Häuser von **Hätzingen** und einst stand an dieser Stelle eine **Wolltuchfabrik,** die aber vor Kurzem abgerissen werden musste.

Zwischen Schwanden und Linthal erhalten wir einen tiefen Einblick in die Geschichte der **Glarner Textilindustrie,** lernen aber auch **Arbeiterhäuser** und so genannte **Mädchenhäuser** sowie moderne Industriebauten kennen. Besonders der **Textildruck** erlebte im 19. Jahrhundert einen immensen Aufschwung und schuf für viele Glarner neue Arbeitsplätze.

Es geht weiter der Linth entlang und wir peilen **Diesbach** an. Die Schau- und Infotafeln liefern uns immer wieder ausführliche Informationen und wir bepacken unseren Rucksack mit zahlreichen Eindrücken. Wir nutzen die Sitzbänke sowie die gelegentlich vorhandenen Grillplätze für eine ausgedehnte Mittagsrast. Und wer eine Wurst im Rucksack hat, findet hier die Gelegenheit, sie zu brutzeln!

Standort Wanderwegweiser

Zum nächsten Zwischenziel
❶ Linthal (Friedliweg)

Im Säuliamt unterwegs zum Türlersee

Affoltern am Albis – Müliberg – Türlersee – Herferswil – Mettmenstetten
14,5 km, 3¾ Std.

Eingebettet zwischen **Reusstal** und **Albiskette** liegt **Affoltern am Albis**. Vom einstigen kleinen «Aemtlerdorf» mauserte sich Affoltern am Albis zu einem städtisch anmutenden Regionalzentrum. Wir starten mit unserer Wanderung durchs **Säuliamt** (durch den **Bezirk Affoltern**) am Bahnhof von Affoltern am Albis **Richtung Müliberg**. Den klingenden Namen verdankt der Bezirk dem Umstand, dass früher **Schweine und Kälber** über den **Uetliberg** getrieben wurden. Dabei sollen einmal die Schweine gegen die westliche, die Kälber gegen die östliche Seite ausgebrochen sein – die **Geburtsstunde des Säuli- und des Kälberamts** (Bezirk Horgen).

So wandern wir durch das Dorf und tauchen alsbald in einen Wald ein. Unser Weg steigt ein wenig an. In unmittelbarer Nähe befindet sich der **Lilienberg**.

Um die Jahrhundertwende stand dort ein **Kurhotel**, das Affoltern am Albis zu **weitreichender Bekanntheit** verhalf. Über das Tägermoos gelangen wir nach **Müliberg,** wo wir im Restaurant Mühleberg eine kleine Rast einlegen.
Gestärkt setzen wir unseren Rundgang durchs Säuliamt fort – bis jetzt ist uns noch keine ausgebrochene Sau begegnet … Wir schlagen den Weg **Richtung Habersaat** ein, wobei wir auf den **Ämtlerweg** gelangen, der im **Jahr 2000** feierlich eingeweiht wurde. Auf **46 Kilometern** kann das Säuliamt erforscht werden. **22 Infotafeln** bieten hierbei interessante Hilfestellung. So lernt man etwa, dass unweit von Müliberg einst **Kohle abgebaut** wurde oder dass in Habersaat, direkt am Türlersee, ein **Spielzeugmuseum** steht. Wir steigen zum **Türlersee** hinab, dessen idyllische Ufer zum Verweilen einladen. Wir setzen unsere Wanderung auf dem **Türlersee-Rundgang** fort und umrunden dem linken Ufer entlang den See. **Fischerstege** ragen in den See hinein, von wo mit der Rute gefischt werden darf. An schönster Lage erstreckt

Schwierigkeitsgrad
Leichte Wanderung.

Richtzeit
Wanderzeit 3¾ Std.

An- und Rückreise
Affoltern am Albis ist gut mit der Bahn ab Zürich erreichbar. Von Mettmenstetten fährt die Bahn Richtung Zug – Luzern oder Zug – Zürich.

Weitere Informationen
www.affoltern-am-albis.ch
www.forums9.ch
www.mettmenstetten.ch

Einkehrmöglichkeiten
Restaurant Mühleberg, Restaurants in Affoltern am Albis und in Mettmenstetten.

Tipp
Badehose nicht vergessen!

sich der **Campingplatz von Türlen.** Bei Badebetrieb müssen wir durch das kleine Bauerndorf wandern, da der Weg über den Campingplatz gesperrt ist. Eine **entsprechende Wanderumleitung** ist signalisiert. So gelangen wir nach Türlen wieder an den See, der uns eine Abkühlung verspricht. Bei dem schönen **Kies- und Sandbadestrand** breiten wir unsere Tücher aus und schlüpfen rasch in die Badehose.

Erfrischt wandern wir weiter dem Ufer entlang, tauchen ein in einen schönen Wald und verlassen in einer steilen Kurve den Türlersee **Richtung Herferswil.** Hier verlassen wir den Ämtlerweg und sachte senkt sich unser Weg. Über schöne Felder und dem Schwarzenbach entlang wandern wir ins kleine Herfens-

Romantisches Ufer am Türlersee

wil, das am Fusse des Homberges liegt. Es geht weiter **Richtung Mettmenstetten.** Unser Wanderweg schmiegt sich an den **Homberg** und wir gewinnen ein wenig an Höhe. Auf der grossen Lichtung des Hombergs machen wir eine kleine Pause, bevor wir gegen Mettmenstetten absteigen.

Es geht etwas steil hinunter und wir erblicken schon von Weitem die Häuser von **Mettmenstetten,** die sich harmonisch in die Landschaft integrieren. In Mettmenstetten lohnt sich ein kurzer Rundgang – der intakte Dorfkern sowie die schönen Fachwerkhäuser laden dazu ein. Zuletzt führt uns die Wanderung zum **Bahnhof Mettmenstetten,** von wo wir unsere Heimreise antreten.

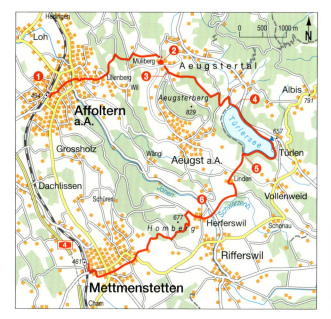

Standort Wanderwegweiser

Zum nächsten Zwischenziel

1. Müliberg
2. Türlersee
3. Habersaat
4. Türlersee-Rundweg
5. Herferswil
6. Mettmenstetten

33

An den Ufern des oberen Zürichsees, von Rapperswil nach Schmerikon

Rapperswil – Knies Kinderzoo – Kloster Wurmsbach – Bollingen – Schmerikon
11,5 km, 2¾ Std.

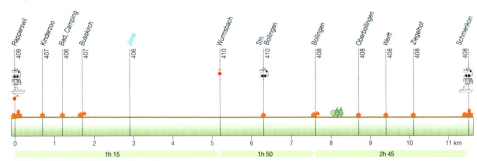

Die mittelalterliche Altstadt von **Rapperswil** zieht uns in ihren Bann: Das **Schloss** und die **Burganlage** (erbaut Ende des 12. Jahrhunderts) überragen die Altstadt und gehören zu den **bedeutendsten Baudenkmälern** am Zürichsee. Zeitweise diente das Schloss als Gefängnis und Mietkaserne. Zwischen 1870 und 1927 erlebte es als **Polnisches Nationalmuseum** seine Glanzzeit. Ebenfalls auf dem Schlossareal befindet sich der **Hirschpark,** der 1871 eingerichtet wurde und an die **Sage der Stadtgründung** erinnert. Wir könnten noch Stunden in Rapperswil verweilen, durch die belebten Gassen ziehen und den mittelalterlichen Charme in uns aufnehmen. Doch das schilfbewachsene Ufer ruft uns und wir wandern vom **Bahnhof Rapperswil** direkt durch die Unterführung **Richtung Schmerikon Strandweg.** Wir passieren das Gelände der Technischen Hochschule und gelangen ans Ufer des oberen Zürichsees. Schon wieder treffen wir auf eine Sehenswürdigkeit, die zu ignorieren vor allem für Kinder eine Schande wäre: auf den **Kinderzoo des Zirkus Knie!** Mit allen Sinnen können hier Gross und Klein die über 300 Zoobewohner kennen lernen. Langeweile kommt sicherlich keine auf, dafür sorgen Attraktionen wie das **Elefantenbad,** das **Rösslitram,** die **Seelöwenvorführung** und vieles mehr. Der Kinderzoo ist von Anfang/Mitte März bis Ende Oktober geöffnet (www.knieskinderzoo.ch).
Nach diesem aufregenden Besuch freuen wir uns auf die ruhige Wanderung. Wo die Jona in den Zürichsee fliesst überqueren wir das Flüsschen und lassen uns nicht vom Strandbad verführen. Entlang des Flusslaufs wandern wir bis zur Eisenbahnlinie. Hier zweigt der **Strandweg nach rechts** und orientiert sich bis nach Schmerikon an der Eisenbahnlinie des **Voralpen-Express.**

Schwierigkeitsgrad
Leichte Wanderung.

Richtzeit
Wanderzeit 2¾ Std.

An- und Rückreise
Rapperswil (SG) ist gut mit der S-Bahn über Zürich Hauptbahnhof erreichbar. Ab Schmerikon mit der Bahn zurück nach Rapperswil, da umsteigen Richtung Zürich.

Weitere Informationen
www.rapperswil-jona.ch
www.schmerikon.ch
www.knieskinderzoo.ch

Einkehrmöglichkeiten
In Rapperswil, Restaurant Schifffahrt bei Bollingen Dorf und in Schmerikon.

Tipp
Rapperswil ist ein bedeutender Etappenort der ViaJacobi. Lesen Sie in «Auf historischen Wanderrouten unterwegs durch die Schweiz», Bd. 1, Coop Presse Buchverlag.

Gespiegeltes Rapperswil

Bald gelangen wir zum **Kloster Wurmsbach,** einer **Zisterzienserinnen-Abtei,** die vor über **750 Jahren** gegründet wurden. Heute leben 16 Schwestern des Zisterzienserordens in dieser schönen Anlage, wo auch Pilger und Gäste Unterschlupf finden.

Wir lassen die Abtei hinter uns und setzen unseren Weg nach Schmerikon fort. Das Ufer ist dicht mit Schilf bewachsen und bietet für Wasservögel ideale Nistbedingungen. Linker Hand erstreckt sich der **Oberwald** und wir passieren **Bollingen,** wo wir im Restaurant Schifffahrt eine kleine Pause einlegen. Bei einem kalten Getränk blicken wir über den See und geniessen die Ruhe.

Gestärkt nehmen wir unser letztes Teilstück in Angriff. Der Oberwald ist in den **Chlosterwald** übergegangen und mündet kurz vor Schmerikon in den **Bannwald.** Auf dem Zürichsee tummeln sich viele kleine Schiffe.

In **Schmerikon,** einst wichtigster Ort am oberen Zürichsee, treten der **Linthkanal** sowie der **Aabach** in den Zürichsee ein. Das Seedorf mit seinen stattlichen Häusern erzählt die Geschichte der Schifffahrt und des Handels. Ein Streifzug über den **Dorfplatz,** zur **Rokokokirche von 1776,** zum schönen **Fachwerkhaus Gasthaus Sternen** zeigt uns wieder, wie lebendig die Geschichte am Zürichsee noch ist. In der Nähe des **Bahnhofs Schmerikon** treffen wir auf das **Haus Hirzen** mit seinem Turm, welches das Dorfbild prägt.

Standort Wanderwegweiser

Zum nächsten Zwischenziel
❶ Schmerikon Strandweg

Von heiligen Mauern zum rauschenden Wasser, von Marthalen nach Laufen

Marthalen – Kloster Rheinau – Dachsen – Laufen (– Neuhausen) 15 km, 4 Std.

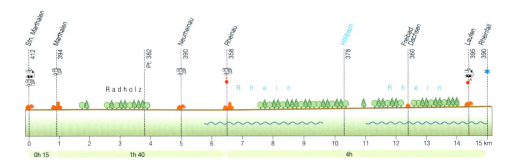

Vom **Bahnhof Marthalen** führt uns der Wanderweg direkt in das schöne Dorf hinein. Die beeindruckenden **Riegelbauten** bilden einen intakten Dorfkern. In der Ortsmitte halten wir Ausschau nach dem Wegweiser, der uns die **Richtung nach Rheinau** anzeigt. Über Wattbüel und Radholz wandern wir in der äussersten Ecke des Zürcher Weinlandes der **Insel Rheinau** und dem gleichnamigen Städtchen zu.

Stattlich und beeindruckend präsentiert sich uns die **Klosteranlage** auf der Insel Rheinau – uns verschlägt es beinahe die Sprache. Der Legende nach soll das Kloster Rheinau um **778** gegründet worden sein. Im 9. Jahrhundert soll der **irische Wandermönch Fintan** in eine Zelle auf der Insel eingemauert worden sein und ein asketisches Leben geführt haben. Sein Grab fand man angeblich 1446, was in der Klosterkirche mit einem reich bebilderten Grabmal dokumentiert ist. Im 11. und 12. Jahrhundert wurde auf der Insel eine **Benediktinerabtei** gegründet. Die Reformationswirren brachten Unruhen, Bilderstürme und Verwüstungen. Doch schon 1532 kehrte der alte Glauben nach Rheinau zurück. Im 18. Jahrhundert wurde die neue von **Franz Beer** umgebaute Stiftskirche eingeweiht. Sie gilt noch heute als **Prunkstück des Hochbarocks** in der Schweiz. Die Französische Revolution läutete sodann eine neue Epoche ein, die einen traurigen Höhepunkt 1862 im Kantonsratsbeschluss, das Kloster aufzuheben, fand. Das Kloster wurde in eine **Pflegeanstalt** umgebaut. Bis 1999 gab es hier Patientenbetten, doch im Jahr 2000 wurde die Inselklinik geräumt. Heute sind verschiedene Räumlichkeiten für die Öffentlichkeit zugänglich und die Schwestern der Spirituellen Weggemeinschaft fanden 2003 auf der Klosterinsel eine neue Wirkungsstätte.

Voller historischer, architektonischer und spiritueller Eindrücke setzen wir unsere Wanderung

Schwierigkeitsgrad
Leichte Wanderung.

Richtzeit
Wanderzeit 4 Std.

An- und Rückreise
Marthalen ist gut über Winterthur mit der Bahn erreichbar. In Neuhausen oder am Schloss Laufen steigen wir in die Bahn Richtung Winterthur ein.

Weitere Informationen
www.marthalen.ch
www.rheinau.ch
www.dokstelle.rheinau.ch
www.rheinfall.ch

Einkehrmöglichkeiten
Im Bistro Café Rhyblick in Rheinau, im Schloss Laufen und im Schlösschen Wörth.

Tipp
Wir befinden uns auf einem Teilstück der ViaRhenana: «Auf historischen Wanderrouten unterwegs durch die Schweiz», Bd. 2, Coop Presse Buchverlag.

den Rhein entlang **Richtung Dachsen** fort. Er bildet hier die Grenze zwischen der Schweiz und Deutschland.
Entlang der Bahnlinie halten wir auf den Rheinfall zu. Hoch oben thront das **Schloss Laufen,** das im Frühjahr 2010 neu eröffnet wurde. Unterhalb des Schlosses führt eine Treppe zu den tosenden Wassermassen des Rheinfalls hinunter. Es rauscht und spritzt und das Naturschauspiel verschlägt uns die Sprache! Über eine Breite von **150 Metern** und von einer Höhe von **23 Metern** stürzt das Wasser in das Rheinfallbecken. Vom Steg aus können wir in kleinen Booten zur Rheinüberfahrt ablegen. Vom Schlösschen Wörth, der Neuhauser Seite, fährt ein Schiff zum **Rheinfelsen,** einem Aussichtspunkt mitten im **grössten Wasserfall Europas.**
Wir können den Weg auf die andere Seite aber auch zu Fuss über die Eisenbahnbrücke oberhalb des Rheinfalls in Angriff nehmen. Hier bringt uns ein Fussgängersteg auf die Neuhauser Seite, von wo wir dann auf einem schönen Weg zum Schlösschen Wörth wandern.

Tosender Rheinfall

Egal auf welcher Seite wir uns befinden, die Heimreise können wir sowohl von **Neuhausen** wie auch vom **Schloss Laufen** per Bahn antreten und dabei nochmals die wunderschöne Landschaft des Zürcher Weinlandes geniessen.

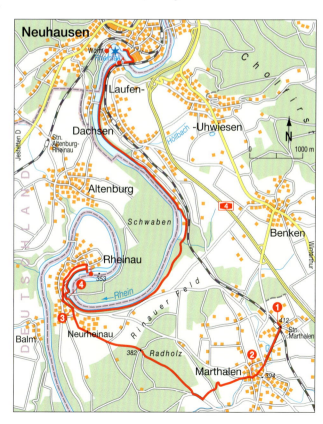

Standort Wanderwegweiser

Zum nächsten Zwischenziel

① Marthalen
② Rheinau
③ Klosterkirche
④ Rheinfall

35

Wo der Rhein eine markante Wende macht

Eglisau – Buchberg – Rüdlingen – Tössegg – Eglisau 15 km, 4¼ Std.

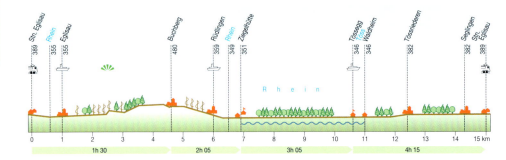

Über die Rheinbrücke gelangen wir vom Bahnhof in das kleine **Rheinstädtchen Eglisau.** Hier reihen sich historische Bauten grösstenteils aus dem 17. Jahrhundert aneinander und buhlen um die schönste Aussicht auf den Rhein. Einst herrschten **Landvögte und Kaufleute,** die in Eglisau regen Handel trieben, heute kennen wir Eglisau vor allem von der **Mineralquelle** her, die mit Eglisana, Orangina und Vivi-Kola zu einer wichtigen Arbeitgeberin für die Umgebung und 2003 von der Thurella AG übernommen wurde.

Nach der Rheinbrücke folgen wir dem Wegweiser **Richtung Buchberg.** Wir wandern durch die Eglisauer Weinberge auf dem **Weinwanderweg Buchberg** dem Rheinufer entlang. Bald halten wir uns links, queren schattigen Wald und steigen sachte hinauf. Wir geniessen einen herrlichen Blick auf den Rhein. Vor vielen Jahren tat der Rhein an dieser Stelle einen **mächtigen Kraftakt,** frass er sich doch eine **Schneise zwischen Buchberg und Irchel.** In einem kleinen steilen Tobel übertreten wir die **Kantonsgrenze Zürich-Schaffhausen.** Wir rücken wieder näher an den Rhein und können uns ein Bild von der grossen Schlaufe, die der Rhein hier zeichnet, machen. Immer wieder erspähen wir durch die Bäume hindurch den Rhein und freuen uns über die abwechslungsreiche Landschaft, die uns nach **Buchberg** begleitet. Hier und da lassen wir uns auf einer Bank nieder und geniessen die schöne Gegend.

Die **auffallende Kirche von Buchberg,** die ausserhalb des Dorfes steht, weist uns den Weg. Erneut sind **Weinreben** unsere Weggefährten und wir lassen Buchberg linker Hand liegen und wandern nach **Rüdlingen** weiter. Edle und prächtige Fachwerkbauten, **vierteilige Weinbauernhäuser im süddeutschen Stil,** prägen das Dorf und vermitteln uns anschaulich die einstige Dorfgeschichte.

Nach einem ausgedehnten Dorfrundgang begeben wir uns an den Rhein **(Wegweiser Ziegelhütte)** hinunter, überqueren diesen und setzen unsere Wanderung am Fusse des Irchels

Schwierigkeitsgrad
Leichte Wanderung.

Richtzeit
Wanderzeit 4¼ Std.

An- und Rückreise
Eglisau ist gut mit der S-Bahn ab Zürich Hauptbahnhof erreichbar.

Weitere Informationen
www.eglisau.ch
www.ruedlingen.ch
www.zueri-unterland.ch
www.toessegg.ch

Einkehrmöglichkeiten
In Eglisau, Rüdlingen und im Ausflugsrestaurant Tössegg.

Prächtige Bauten spiegeln sich im Rhein

Richtung Tössegg fort. Wir wandern durch Wald und die schöne Uferlandschaft. Immer wieder entdecken wir angeknabberte und umgefallene Bäume: **Biber** sind hier zuhause. Der **Biberpfad des WWF Zürich** zwischen Rüdlingen und Tössegg erklärt uns auf vielen Infotafeln Leben und Geschichte der Biber. Und wer weiss, bei ein wenig Glück erblicken wir gar einen dieser munteren Gesellen!
Bald erreichen wir das beliebte **Ausflugsziel Tössegg.** Hier mündet die **Töss** in den Rhein. Gleichzeitig markiert die Tössegg auch die Stelle, wo der Rhein seine eindrückliche **120-Grad-Wende** macht. Wer mag, kann sich im Restaurant verpflegen lassen. Vom Wasser her erklingen freudige Schreie der plantschenden Kinder. Beim **Baden** ist jedoch **Vorsicht** geboten, denn die Kursschiffe haben immer Vortritt. Ab und zu legt ein Schiff aus Ellikon oder Rheinfelden kommend an. Eine **kleine Fähre** setzt sonntags oder an allgemeinen Feiertagen auf die andere Seite über, von wo wir direkt dem Rhein entlang nach **Eglisau** zurückwandern könnten.

Wir bleiben auf der Tössegg-Seite und machen uns nach der Rast auf **Richtung Seglingen und Eglisau.** Der Weg führt uns an **Waldheim** vorbei. Mal finden wir uns direkt am Wasser, mal spazieren wir auf einer etwas erhöhten, dafür sehr idyllischen Strecke durchs Zürcher Unterland. Bald begrüssen uns die Dächer des kleinen Seglingens. Wir lassen sie links liegen und wandern zu unserem Ausgangspunkt, dem **Bahnhof Eglisau,** zurück.

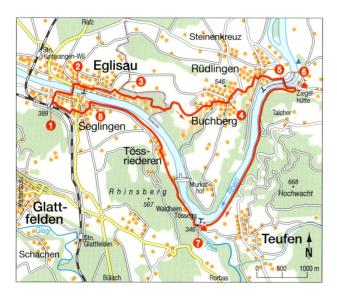

Standort Wanderwegweiser

Zum nächsten Zwischenziel

1. Eglisau
2. Buchberg
3. Weinwanderweg Buchberg
4. Rüdlingen
5. Ziegelhütte
6. Tössegg
7. Eglisau
8. Eglisau Station

Auf der ViaRhenana – von Ermatingen nach Kreuzlingen

Ermatingen – Gottlieben – Kreuzlingen 9,5 km, 2¼ Std.

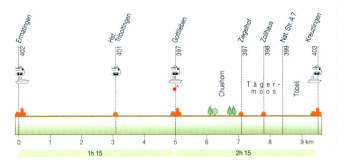

Das **Konzil von Konstanz (1414–1418)** soll der Legende nach die **Groppenfasnacht** (die letzte Fasnacht der Welt) nach Ermatingen gebracht haben: **Papst Johannes XIII.** hatte während des Konzils an Einfluss verloren. Als im März 1415 eine Klageschrift gegen ihn vorbereitet wurde, floh er als Botenreiter verkleidet und übernachtete beim **Pfarrer Loffar in Ermatingen,** der ihm **Groppen** (kleine gefrässige Raubfische) zum Abendessen vorsetzte. Die Ursprungsgeschichten über die Groppenfasnacht sind **vielfältig** – am besten man lässt sie sich von den Ermatingern selbst erzählen. Vom Bahnhof Ermatingen wandern wir zur Schiffländi hinunter. Am Steg stehend schauen wir auf die deutsche **Insel Reichenau.** Aufgrund ihrer Wichtigkeit während des **Mittelalters** und der **Reformation** zählt sie zu den **UNESCO-Welterben.** Auf geht es zum Seeweg. Unser Wanderweg führt uns entlang des **Seerheins,** der sich zwischen Ermatingen und Konstanz erstreckt, und der Bahnlinie über **Triboltingen** nach **Gottlieben.** Gottlieben ist ein **wahres Juwel** und mehr als ein kurzes Innehalten wert! Das Dorfbild, die prächtigen Fachwerkhäuser, die alten Bäume, die wunderschöne Lage am Seerhein laden zur **Zeitreise** ein.

Wir müssen uns fast ein wenig losreissen von diesem idyllischen Ort und wandern weiter **Richtung Kreuzlingen.** Es geht vorbei am **Schloss Gottlieben.** In der wunderschönen Uferlandschaft setzen wir unsere Wanderung fort: Lieblich Ufer, knorrige Bäume und ab und zu eine einladende Sitzbank sind neben den zahlreichen Vögeln unsere Wegbegleiter. Beim **Chuehorn,** einem kleinen Badestrand, genehmigen wir uns ein kurzes Bad.

Noch mit nassen Haaren ziehen wir weiter nach **Kreuzlingen.** Wir passieren den **Ziegelhof** und entfernen uns dann in einer scharfen Kurve vom Ufer des **Seerheins** und wandern über das **Tägermoos.** Es ist eine **Gemarkung von Konstanz** und eine **unechte deutsche Enklave.** 1348 errichtete hier die **Stadt Konstanz** den **Galgen** und das Tägermoos diente bis ins 18. Jahrhundert hinein als

Schwierigkeitsgrad
Leichte Wanderung.

Richtzeit
Wanderzeit 2¼ Std.

An- und Rückreise
Ermatingen ist gut mit der Bahn über Kreuzlingen, Schaffhausen oder Romanshorn erreichbar. Von Kreuzlingen fährt die Bahn zurück in alle Richtungen.

Weitere Informationen
www.viastoria.ch
www.ermatingen.ch
www.gottlieben.ch
www.kreuzlingen.ch

Einkehrmöglichkeiten
Diverse Restaurants in Gottlieben und Kreuzlingen.

Tipp
Badehose nicht vergessen!
Die Wanderung ist auch sehr schön im Winter.
Die ganze ViaRhenana gibt es in: «Auf historischen Wanderrouten unterwegs durch die Schweiz», Bd. 2, Coop Presse Buchverlag.

Auf einer der ältesten Handelsrouten unterwegs

Wir wandern weiter zum **Bahnhof von Kreuzlingen**. Im Jahr 1125 gründete **Bischof Ulrich I. von Konstanz** ein **Augustiner Chorherrenstift** vor den Toren von Konstanz. Der Bischof nannte diesen Ableger der Bischofsstadt Konstanz **«crucelin»**. Der Geschichte ist man in Kreuzlingen sowie in Konstanz ganz nahe: **Schifffahrts-, Religions und Handelsgeschichte** reichen sich hier die Hand. Es lohnt sich also, dass wir uns vor unserer Heimreise genauer die Gassen von Kreuzlingen betrachten.

Richtstuhl. Heute sitzen nur noch die Krähen auf den Feldern und suchen nach Nahrung.
Beim **Zollhaus** gehen wir rechts, überqueren sogleich die Strasse und gehen wieder links, folgen ein Stück der Strasse und zweigen beim **Punkt 398 rechts** in die kleinere Fahrstrasse ein.
Bald unterqueren wir die Autobahn und wandern über das Töbeli nach **Kreuzlingen** hinein. Auf dem Gemeindegebiet Kreuzlingens stehen neun Schlösser. Zu Recht sind die Kreuzlinger stolz auf ihre Prunkbauten und deren einstige Bewohner: **Schloss Girsberg** beispielsweise bewohnte einst Graf von Zeppelin. Heute beherbergt es das **Puppenmuseum** sowie die **Zeppelinausstellung**.

Standort Wanderwegweiser

Zum nächsten Zwischenziel

❶ Schifflände
❷ Zum Seeweg
❸ Triboldingen
❹ Gottlieben
❺ Kreuzlingen

37

Entlang der Sitter
von St. Josefen nach Bernhardzell

St. Josefen/Sittertobel – Leebrugg – Wannenbrugg – Bernhardzell 12 km, 3¼ Std.

In **St. Gallen** angekommen streifen wir zuerst ein wenig durch die schöne **Stiftsstadt**. Reich ist das Angebot und die Gassen von St. Gallen stecken voller Geschichte und Geheimnisse. Geheimnisse kann man insbesondere im **Stiftsbezirk** erforschen, der seit **1983** gemeinsam mit der **Stiftsbibliothek** zum **Unesco Welterbe** zählt. Die **älteste** und wohl auch schönste Bibliothek der Schweiz verwaltet rund **170 000 Bücher** und andere Medien und stellt die wertvollen Exponate im **prunkvollen barocken Lesesaal** aus. Tief beeindruckt spazieren wir durch den Stiftsbezirk zurück zum Bahnhof, wo wir in den **Bus Richtung Engelburg** steigen. Der Morgen ist bereits ein wenig fortgeschritten und die Sonne wärmt uns. Im Sittertobel bei der **Haltestelle Spisegg** steigen wir aus. Jedes Jahr Ende Juni findet an dieser Stelle das legendäre **Openair St. Gallen** statt, das Tausende von Festivalbesuchern für drei Tage ins **Sittertobel** lockt.
Wir wandern **Richtung Leebrugg**, kurz vor der Brücke zweigen wir rechts in den **Sitterstrandweg** ein und geniessen den schattigen Auenwald. Gemächlich fliesst die Sitter neben uns her. Immer wieder treffen wir auf kleine Badestellen, die zu einer Rast einladen. Wir streifen durch den **Sitterwald,** lassen beim **Sitterhüsli** die ARA hinter uns. Unser Weg schmiegt sich an die Sitter. Es geht über die **Joosrüti,** wo wir aus dem schattigen Wald treten und uns kurz ans grelle Sonnenlicht gewöhnen müssen. Wir queren die Felder und tauchen auch schon wieder in den Auenwald ein. Wir treffen bei der Hochweid auf eine Brücke, die wir ignorieren. Es folgt ein längeres Stück über Wiesen und Felder. Die Sitter zeichnet eine enge Kehre und wir erreichen **Erlenholz,** wo wir

Schwierigkeitsgrad
Leichte Wanderung.

Richtzeit
Wanderzeit 3¼ Std.

An- und Rückreise
Mit der Bahn nach St. Gallen, da umsteigen auf den Bus Nr. 135 Richtung Engelburg. An der Haltestelle Spisegg steigen wir aus. Den Heimweg treten wir in Bernhardzell mit dem Postauto nach Engelburg an. In Engelburg auf den Bus Nr. 135 bis St. Gallen Bahnhof umsteigen.

Weitere Informationen
www.waldkirch.ch
www.st.gallen-bodensee.ch

Einkehrmöglichkeiten
Restaurant Erlenholz, Restaurants in Bernhardzell.

Tipp
Schöne Sommerwanderung in schattigem Auenwald. Jedes Jahr Ende Juni findet im Sittertobel das legendäre Openair St. Gallen statt. Es empfiehlt sich, die Wanderung auf ein anderes Wochenende bzw. einen anderen Wochentag zu legen.

uns auf der Terrasse des **Restaurants Erlenholz** ein kühles Getränk genehmigen.

Gestärkt setzen wir unsere Sitter-Entdeckungstour fort. Unser Weg führt uns erneut über Wiesen und Äcker und wir erreichen kurz vor Wittenbach das Ufer der Sitter. Die **Leebrugg,** die Wittenbach mit Bernhardzell verbindet, ignorieren wir. Nach ca. einem Kilometer macht unser Wanderweg eine abrupte Kehre und wir wandern über **Ladhueb** weiter. Wir passieren eine kleine Häusergruppe, wo wir uns links halten. Der Uferweg hat uns wieder und mit ihm auch der Auenwald. Unser Wanderweg zeichnet weiter die Schlaufen der Sitter nach und wir gelangen zur **Wannenbrugg.** Wir überqueren die **gedeckte Holzbrücke** und wandern **Richtung Bernhardzell** weiter. Sachte gewinnen wir an Höhe. Wir verlassen den Wald und erblicken schon von Weitem die schöne **Rundkirche von Bernhardzell** (erbaut 1776–1778). Über Hinderchirch und durch Obstplantagen gelangen wir in das schöne Dorf. Es wird vermutet, dass der Name Bern-

Eine gedeckte Holzbrücke führt über die Sitter

hardzell auf die **Zelle** des ehemaligen **St. Galler Abtes Bernhard** verweist. Wir spazieren durch das kleine Dorf zum Dorfplatz, wo wir auf das Postauto nach Engelburg warten.

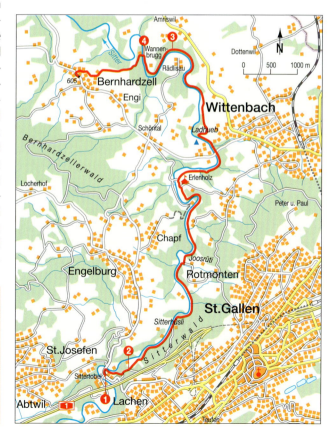

Standort Wanderwegweiser

Zum nächsten Zwischenziel

① Leebrugg
② Sitterstrandweg
③ Wannenbrücke
④ Bernhardzell

38

Vom glasklaren Seealpsee hinauf zu den Wildkirchlihöhlen

Wasserauen – Seealpsee – Äscher – Wildkirchli/Wildkirchlihöhlen – Ebenalp – Wasserauen 7,5 km, 3¾ Std.

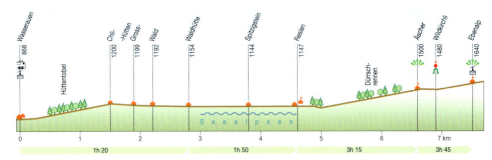

Im kleinen **Wasserauen** beginnt unsere Wanderung zum schönen **Seealpsee** und dem in atemberaubender Lage liegenden **Wildkirchli**. Vom Bahnhof wandern wir **Richtung Hütten**. Wir passieren linker Hand zwei Weiher, durchqueren das Hüttentobel und erreichen bald den schönen Mischwald. Der Anstieg verläuft steil. Bald erreichen wir die grosse Lichtung von Hütten. Über uns ziehen sich Seile einer Versorgungsbahn nach Hütten hinauf. Die Wegmarkierung weist uns die Richtung zum **Seealpsee**. Noch ist das Gras vom Tau nass und glitzert in der Morgensonne. Munter setzen wir unsere Wanderung fort. Wir gewinnen stetig an Höhe und müssen trotz der angenehmen Temperaturen ein wenig schwitzen.
Die kleinen Weiler **Grosshütten** und **Wald** lassen wir hinter uns. Unser Weg fällt leicht nach **Waldhütte** ab, wo wir der Markierung nach **Seealpsee** Rondom folgen. Der wunderschöne **Seealpsee** liegt vor uns. Der **Säntis** scheint den grünen See zu beschützen und erhebt sich vor uns. Wer mag, kann sich im Berggasthaus Seealpsee oder Forelle erholen oder aber ein schönes Plätzchen am See für seine Rast suchen.
Gestärkt setzen wir unsere Wanderung fort. Wir umrunden den See und folgen dem Wegweiser Nr. 4 Richtung **Ebenalp**. Der Weg steigt stetig an, führt uns durch den Steilhang Dürrschrennen und ist ab und zu mit Drahtseilen gesichert. Gerade beim Kreuzen mit anderen Wanderern lassen wir Vorsicht walten. Dabei geniessen wir die immer fantastischer werdende Aussicht auf das **Alpsteingebirge** und den **Seealpsee**. Hoch über uns ragen die Steilhänge des **Zislers** und der **Ebenalp** empor, die vor allem bei Sportkletterern sehr beliebt sind. Bei **Äscher** machen wir im kleinen Berggasthaus **Äscher-Wildkirchli** eine kleine Pause und atmen ein wenig durch. Das Gasthaus ist direkt

Schwierigkeitsgrad
Mittelschwere Wanderung.

Richtzeit
Wanderzeit 3¾ Std.

An- und Rückreise
Wasserauen ist gut mit der Bahn erreichbar, umsteigen in Zürich und Gossau. Von der Ebenalp fährt die Luftseilbahn zurück nach Wasserauen, wo man wieder Anschluss an die Bahn hat.

Weitere Informationen
www.ebenalp.ch
www.seealpsee.ch

Einkehrmöglichkeiten
Im Berggasthaus Seealpsee, Berggasthaus Forelle am See, Gasthaus Äscher-Wildkirchli und im Berggasthaus Ebenalp.

Tipp
An schönen Wochenenden zieht es viele Wanderer zu dieser Attraktion. Es empfiehlt sich, einen Wochentag für diesen Wanderklassiker zu wählen.

Der Seealpsee – beliebtes Ausflugsziel

an den Fels gebaut und bietet neben einer guten Küche einen grandiosen Ausblick.

Fröhlich ziehen Wanderer talwärts an uns vorbei, während wir weiter **Richtung Wildkirchli** und Ebenalp wandern. Bald sind die **Wildkirchlihöhlen** erreicht, die aus **prähistorischer Zeit** stammen. Vor über 30 000 Jahren suchten altsteinzeitliche **Bärenjäger** Unterschlupf in den Höhlen. Zeugnisse von den Jägern aus längst vergangenen Zeiten können wir im **Eremitenhäuschen** bewundern. Seit Jahrhunderten gelten die Wildkirchlihöhlen als **Andachtsstätte,** wo Ruhe und Kraft heilsam die Seele berühren.

Beeindruckt ziehen wir weiter und passieren eine romantisch **ausgeleuchtete Grotte.** Wieder am Tageslicht wandern wir hoch zur **Ebenalp,** wo wir gerade im Frühsommer in ein Farbenmeer aus Bergblumen eintauchen. Oben angekommen setzen wir uns auf die Aussichtsterrasse, ruhen uns aus und beobachten die Gleitschirmflieger, bevor wir mit der Luftseilbahn zurück nach **Wasserauen** schweben.

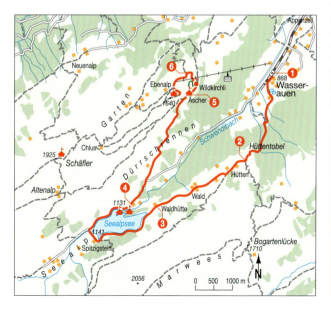

Standort Wanderwegweiser

Zum nächsten Zwischenziel

1. Hütten
2. Seealpsee
3. Seealpsee Rondom
4. Ebenalp
5. Äscher-Wildkirchli
6. Ebenalp

39

Mediterranes Klima, schäumende Wasser, idyllische Uferlandschaft – von Quinten nach Weesen

Quinten–Betlis–Weesen 11 km, 3¾ Std.

Zwischen den Kantonen St. Gallen und Glarus erstreckt sich der **Walensee,** der in seiner Gestalt an einen norwegischen Fjord erinnert. An seinem Nordufer erhebt sich die Bergkette der **Churfirsten,** auf der anderen Seite findet sich die Region **Flumserberg.** Die steilen und sehr hohen Felswände, die aus dem See herausragen, stellten schon seit jeher eine grosse Herausforderung für die Bewohner dar. Die Verkehrswege führen entweder durch die Felsen hindurch oder übers Wasser.

Der Seewind hat bereits unser Gesicht gestreift, wenn wir im beschaulichen **Quinten** von Bord gehen. Das autofreie Dörfchen liegt klimatisch gesehen günstig, da es vor den kalten Nordwinden durch die Umgebung geschützt wird. So reifen hier nicht nur mediterrane Früchte, sondern auch die Trauben für den **Quinterwein.** Vom Bootssteg wandern wir durch das schöne Dörfchen, dessen Häuser allesamt gegen den Walensee gerichtet sind – eine einzigartige Lage! Wir steigen langsam durch die **Weinberge** hinauf in den **Seerenwald.** Wir setzen gemächlich einen Fuss vor den anderen und lassen uns bei dem etwas steilen Aufstieg Zeit. Beim **Punkt 718** haben wir den höchsten Punkt unserer Wanderung erreicht und rasten kurz. Hier und da erblicken wir zwischen den Bäumen den glitzernden Walensee.

Ausgeruht machen wir uns weiter und geniessen die Kühle des Waldes. Unser Weg ist gut zu begehen und bei der Feuerstelle hoch über den **imposanten Steinbrüchen** werden wir von einer grandiosen Aussicht überrascht: Rund **300 Meter** unter uns breitet sich der Walensee aus, wo sich kleine Segelboote tummeln. Auf der anderen Uferseite ist das Mühlehorn erkennbar und die Orte Kerenzerberg, Obstalden und Filzenbach; über allem thront der mächtige Mürtschenstock. Wir sind überwältigt und können uns kaum losreissen. Wer Lust hat, kann hier eine Cervelat übers Feuer halten und

Schwierigkeitsgrad
Leichte Wanderung.

Richtzeit
Wanderzeit 3¾ Std.

An- und Rückreise
Quinten ist mit dem Schiff ab Murg ganzjährig erreichbar (www.walenseeschiff.ch). Murg ist ab Zürich einfach mit der Bahn erreichbar (bitte Fahrplan beachten). Von Weesen fährt man mit der Bahn über Ziegelbrücke und dann über Zürich nach Hause.

Weitere Informationen
www.amden.ch
www.walenseeschiff.ch
www.weesen.ch

Einkehrmöglichkeiten
In Quinten, Weesen und Betlis.

Dunkler faszinierender Walensee

die schöne Aussicht weiterhin geniessen!

Gestärkt und mit gut gefülltem Bauch wandern wir weiter. Der Weg führt stets etwas abwärts und bald erreichen wir ein wunderschönes **Naturschauspiel.** Bei Schneeschmelze oder nach intensiven Niederschlägen ist ein Besuch von Beltis besonders eindrücklich. Rund **300 Meter** fällt das Wasser bei den **Seerenbachfällen** über drei Stufen in die Tiefe und schiesst bei der **Rinquelle** aus dem Felsen hinaus. Die Rinquelle ist eine der grössten **Karstquellen Europas.**

Wir wischen uns den Wasserstaub aus dem Gesicht und wandern nach **Betlis,** wo während der Sommermonate das Kursschiff anlegt. Unser Weg führt uns zu der **Burgruine Strahlegg** mit einem gleichnamigen Ausflugsrestaurant. Bei einem kühlen Getränk geniessen wir den herrlichen Sommertag.

Wir sind gerüstet für unsere letzte Etappe **Richtung Weesen.** Wir erreichen einen idyllischen Badestrand, der zum Wasserspass einlädt. Nach dem erfrischenden Bad wandern wir nun ohne weiteren Abstecher nach **Weesen,** wo uns ein **historischer Stadtkern** erwartet. Weesen ist Ausgangspunkt für die beliebte **Walenseewanderung,** die bis nach Walenstadt führt – vielleicht das nächste Mal! In Weesen treten wir per Bahn unsere Heimreise an.

Standort Wanderwegweiser

Zum nächsten Zwischenziel

❶ Seerenwald
❷ Betlis
❸ Weesen

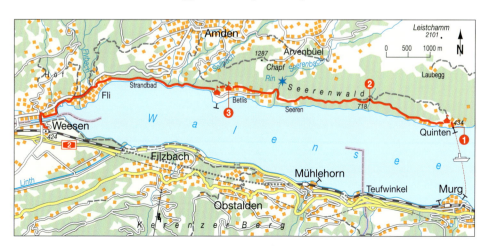

40

Der Klassiker am Pizol – aussichtsreiche Fünf-Seen-Wanderung

Pizolhütte – Wildseeluggen – Schottensee – Schwarzsee – Baschalvasee – Gaffia
10,5 km, 4¼ Std.

Gletscher, Seen, alpine Landschaften und ein **Panorama**, das uns über Grenzen trägt, erwarten uns auf dieser fantastischen Wanderung. In **Wangs, Sargans** steigen wir in die neue Achtergondel, die 2009 fertig gestellt wurde, und schweben der **Pizolhütte** entgegen. Zweimal steigen wir um, bis wir auf 2227 m ü. M. stehen. Bei der Pizolhütte, wo in unmittelbarer Nähe der kleine **Wangsersee** liegt, beginnen wir unsere Wanderung. Sie ist gut ausgeschildert und der Bergweg gut präpariert, es empfiehlt sich dennoch, gutes Schuhwerk zu tragen.

So wandern wir in dieser alpinen Landschaft, hoch über der Waldgrenze, der **Wildseeluggen** entgegen. Stetig steigen wir an und nach einer guten Stunde öffnet sich uns eine **fantastische Weitsicht** auf die Ostschweizer, Bündner und österreichischen Alpen, den **Pizolgletscher** und den impo-

santen **Pizol** (2844 m ü. M.) und die **Grauen Hörner.** Der Wildsee in seinem glasklaren Türkisblau blitzt zu uns herauf und wir machen uns tief beeindruckt auf **Richtung Schottensee.** Der Abstieg ist sanft, kann aber im Frühsommer noch mit Schnee bedeckt sein. Wir erblicken den Schottensee schon von Weitem. Die Natur zeichnet eine wunderschöne Farbpalette und wir legen bei den schönen Picknickplätzen am See eine kurze Rast ein.

Unser Weg führt uns weiter **Richtung Schwarzsee.** Rechter Hand erblicken wir den **Schwarzplanggrat** und linker Hand nochmals den **Pizolgletscher,** den Ringelspitz, den Piz Sardona, Clariden und Glärnisch. Bei wenig Betrieb auf der Wanderung haben wir gar die Chance, **Gämsen und Steinwild** zu erspähen! Im Zickzack steigen wir zum Grat hinauf. Von hoch oben schauen wir auf den

Schwierigkeitsgrad
Mittelschwere Wanderung.
Gutes Schuhwerk erforderlich.

Richtzeit
Wanderzeit 4¼ Std.

An- und Rückreise
Die Pizolhütte ist ab Sargans, Wangs mit der Gondelbahn und der Sesselbahn erreichbar. Ab Bahnhof Sargans fährt ein Bus zur Talstation. Von Gaffia aus fahren Sesselbahn und Gondelbahn zurück nach Wangs. Sargans ist gut mit der Bahn erreichbar. Die Wanderung ist von Anfang Juli bis ca. Mitte Oktober zu begehen – bitte Betriebszeiten der Bahnen auf www.pizol.com erfragen.

Weitere Informationen
www.pizol.ch

Einkehrmöglichkeiten
In der Pizolhütte und im Restaurant Alte Alp Gaffia.

Tipp
Es empfiehlt sich, die Wanderung unter der Woche zu machen, da an schönen Wochenenden viele Wanderer die Pizol-Gegend besuchen. Wer gerne fischen möchte, kann bei der Talstation ein Fischerpatent lösen.

fantastischen **Schwarzsee,** der im Schatten des Schwarzchopf, der sich linker Hand von uns auftürmt, liegt. Im Nu sind wir an diesem beschaulichen Fleckchen Erde angekommen. Nun fehlt uns nur noch ein See, dann haben wir die Handvoll Seen zusammen.

Unser Weg dreht scharf nach links entlang der **Baseggla,** vor uns erblicken wir den Gamidaurspitz. Wir wandern am Rossstall vorbei, wo sich ein **Garten voller Steinmännchen** vor uns ausbreitet. Über die Ostflanke des Gamidaurspitzes steigen wir zum **kristallklaren Baschalvasee** hinunter – nochmals beeindruckt uns das Farbenspiel der Natur und wir setzen uns ans Ufer des kleinen Sees, um die Schönheit in vollen Zügen zu geniessen.

Weiter geht es und wir steigen auf unserem letzten Teilstück zur **Alp Gaffia** hinab. Der Abstieg ist ziemlich steil und verlangt unseren Knien einiges ab. So sind wir denn froh, als wir bei der Berghütte ankommen und unsere geschundenen Glieder auf

Betörendes Farbenspiel in alpiner Kulisse

der Sonnenterrasse des Restaurants Alte Alp Gaffia ausstrecken und uns mit Speis und Trank belohnen können. Anschliessend fahren wir mit Sessel- und Gondelbahn zurück nach **Wangs, Sargans,** von wo wir den Heimweg antreten.

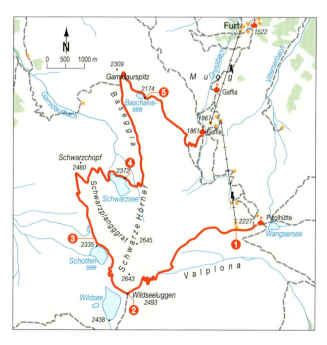

Standort Wanderwegweiser

Zum nächsten Zwischenziel

❶ Wildseeluggen
❷ Schottensee
❸ Schwarzsee
❹ Baschalvasee
❺ Gaffia

41

Lag da Laus – idyllischer Bergsee zwischen Disentis und Sumvitg

Disentis/Mustér – Lag da Laus – Staziun Sumvitg-Cumpadials 16 km, 5½ Std.

Von Disentis ist es bloss ein Katzensprung zum **Tomasee,** der **Rheinquelle.** Viele Wanderer zieht es im Sommer an diesen anscheinend mythischen Ort. **Disentis** oder **Mustér,** wie es die Einheimischen nennen, ist selbst ein Ort mit grosser Anziehungskraft. Das **Klosterdorf** ist die grösste der sieben Gemeinden der **Surselva.** Als Nahtstelle zwischen Lukmanier- und Oberalppass sowie als Knotenpunkt der Rhätischen Bahn nimmt Disentis auch verkehrstechnisch eine besondere Stellung ein. Um **700** gründete der fränkische **Mönch Sigisbert** eine Einsiedelei. Bereits 60 Jahre später unterstand das Kloster den **Benediktregeln.** Heute ist das Kloster ein imposanter Barockbau, der sich über den herrschaftlichen Steinhäusern von Disentis erhebt. Die schöne **Barockkirche des Heiligen Johannes** (11. Jh.) im Zentrum des Dorfes wird hingegen von den für die Gegend typischen Holzhäusern umgeben, sie berichten von der **Walser Tradition** (Besiedlung im 13. und 14. Jh.).

Wir wandern vom **Bahnhof Disentis/Mustér** gegen rechts der Strasse entlang und folgen nach ca. 250 Metern dem Wegweiser **Richtung Cavardiras.** Wir lassen Disentis und den jungen Rhein hinter uns und steigen auf einem schönen Forstweg dem kleinen Dörfchen **Cavardiras** entgegen. Schon von Weitem erblicken wir die **Kirche des heiligen Antonius.** Das ruhige Dörfchen wird einmal im Monat von **Pilgern** bevölkert, die sich in der Kirche zum gemeinsamen Gebet treffen. Ansonsten geht es hier still zu und her. Viele der Holzhäuser sind leer oder dienen als Ferienunterkünfte.

In weiten Kehren führt uns der Weg **Richtung Lag da Laus.** Stetig gewinnen wir an Höhe und geniessen den Duft des Waldes. Bald erreichen wir die schöne **Alp Caischavedra,** wo wir uns für eine Rast im weichen Gras niederlassen. Mit ausgestreckten Gliedern beobachten wir das Wolkenspiel am Himmel und lassen uns vom Duft der Alpenblumen betören.

Schwierigkeitsgrad
Mittelschwere Wanderung.

Richtzeit
Wanderzeit 5½ Std.

An- und Rückreise
Disentis/Mustér ist mit der Bahn über Chur und Andermatt erreichbar. Von Staziun Sumvitg-Cumpadials fährt die Bahn Richtung Disentis zurück.

Weitere Informationen
www.disentis-sedrun.ch
www.disentis.ch
www.regiun-surselva.ch

Tipp
Badehose nicht vergessen!

Hier lässt sich wunderbar rasten!

Ausgeruht wandern wir auf einem Bergweg **Richtung Lag da Laus** weiter. Noch immer steigt das Gelände sachte an. Wir durchqueren das Bachtobel, **Dargun da Pardomat,** und erreichen sogleich den höchsten Punkt unserer Wanderung. Der Bergpfad senkt sich sanft und da liegt der **Lag da Laus** plötzlich vor uns. Schuhe und Strümpfe aus – das kühle Nass lädt zur Abkühlung! Tiefblau liegt der Bergsee vor uns. In dieser umwerfenden Kulisse packen wir unser Picknick aus dem Rucksack und rasten ausgiebig. **Weiche Hügel, grosse Tannen** und das **flach abfallende Ufer** lassen uns kaum mehr los. Ohne Zweifel, hier könnte man Stunden verweilen!

Gestärkt brechen wir auf und peilen **Laus,** unser nächstes Zwischenziel, an. Wir folgen dem Wegweiser und treffen alsbald auf einen weiteren, wo wir uns **Cumpadials** zuwenden. Der Abstieg, der manchmal ein wenig steil ist, führt über saftige Alpweiden. Einzelne Bäume spenden Schatten. Kurz vor Laus treffen wir auf eine Fahrstrasse, der wir folgen. Wir durchqueren den **Weiler Laus,** der zur **Gemeinde Sumvitg** gehört, und halten uns weiter auf der Strasse. Beim **Punkt 1183** zweigt ein kleiner Pfad links ab. Wir kürzen ein wenig ab und erreichen sogleich wieder die Strasse, die uns nach **Cumpadials** bringt. Im Dorfzentrum folgen wir dem Wegweiser zum Bahnhof, zur **Staziun Sumvitg-Cumpadials,** wo wir unsere Heimreise Richtung **Disentis** bzw. Chur antreten.

Standort Wanderwegweiser

Zum nächsten Zwischenziel

1. Cavardiras
2. Lag da Laus
3. Laus
4. Cumpadials
5. Sumvitg Staziun

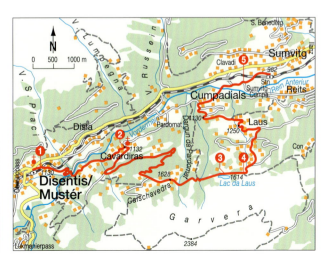

Durchs Naturmonument Ruinaulta von Castrisch nach Versam

Castrisch – Valendas Station – Versam-Safien Station 9,5 km, 2½ Std.

Östlich von Ilanz liegt das kleine Dorf **Castrisch.** Die weisse Kirche markiert das Dorfzentrum und ist das Zuhause zahlreicher **Fledermäuse,** insbesondere der Hufeisennasen, welche die intakte Umgebung schätzen. Beim Bahnhof Castrisch steigen wir aus der Rhätischen Bahn aus und machen uns gespannt auf, die **Rheinschlucht** zu erforschen. Vor **10 000 Jahren** versperrten die Steinmassen des **Flimser Bergsturzes** dem Rhein den Durchgang und stauten ihn auf. In Tausenden von Jahren bahnte sich der Rhein seinen neuen Weg und formte dabei die imposante Schlucht, die **Ruinaulta.**
Wir folgen beim Bahnhof dem Wegweiser **Richtung Valendas Station.** Etwas ausserhalb des Dorfes überqueren wir die Gleise und wandern durch die **Flur Sass Fau,** wo sich einst eine **mittelalterliche Gerichtsstätte** befand. Linker Hand in einiger Entfernung fliesst der Rhein noch gemächlich und nicht eingezwängt. Unser Weg bringt uns immer näher ans Rheinufer. Wir queren die Isla Sut, ignorieren den nach links abzweigenden Weg zum Rhein und halten weiter geradeaus. Der unter Schutz stehende Auenwald zaubert eine ganz besondere Stimmung in einer umwerfenden Gegend und wir nähern uns Valendas. Hier steht eine Sehenswürdigkeit, die man nie und nimmer in diesem kleinen authentischen Dörfchen vermuten würde: der **grösste Holzbrunnen Europas** mit seiner bezaubernden **Meerjungfrau.** Kurz vor **Valendas Station** überqueren wir erneut die Bahngleise und folgen ihnen hinein in die Rheinschlucht.

Das Rheinufer diktiert den Verlauf des Weges und wir sind von der geologischen und landschaftlichen Vielfalt überwältigt.

Die Ruinaulta lebt von **Kontrasten:** steile weisse Felswände, schroffe Gesteinsbilder, dunkle Höhlen, liebliche Rastplätze, reiche Flora, sprudelndes Wasser und tiefblaue Seen. Ein längerer Aufenthalt wäre eigentlich fast ein Muss. Wir geniessen dieses Juwel bei einer der vielen Feuerstellen und holen unsere Leckereien aus dem Rucksack. **Achtung:** Ausserhalb dieser fest eingerichteten Grillstellen, auf die wir unterwegs ab und zu treffen, ist das **Feuermachen verboten!**
Immer wieder entdecken wir neue skurrile Gesteinsformationen und Höhlen, die das Wasser im Verlaufe der Zeit ausgewaschen hat. Auf dem Rhein tummeln sich viele **Kanufahrer und Riverrafter,** die auf eine

Schwierigkeitsgrad
Leichte Wanderung.

Richtzeit
Wanderzeit 2½ Std.

An- und Rückreise
Castrisch ist gut mit der Bahn über Chur erreichbar. Von Veram-Safien fährt die Rhätische Bahn zurück nach Chur.

Weitere Informationen
www.ruinaulta.ch
www.castrisch.ch
www.safiental.ch

Paddeln durch die Ruinaulta

ganz besondere Weise die Ruinaulta entdecken. Mit Helm und Schwimmweste ausgerüstet sitzen sie in den Booten und müssen sich manchmal ganz schön in die Riemen legen, um Herr über das sprudelnde Wasser zu werden.

Trockenen Fusses erreichen wir den kleinen **Weiler Au,** wo unser Weg gegen rechts abgeht, um uns sogleich wieder links **Richtung Versam** zu führen. Rechter Hand öffnet sich das **Carreratobel,** dessen Bach bei starken Niederschlägen viel Wasser in den Rhein trägt. Auf unserem Streifzug durch die Rheinschlucht treffen wir kaum auf Wandersleute und geniessen die Stille. Ab und zu kreuzen uns die roten Wagen der Rhätischen Bahn. Gemächlich setzen wir unseren **Weg nach Versam** fort. Erlen- und Auenwälder bieten Schatten und wir erreichen ohne grössere Anstrengung den Bahnhof von **Versam-Safien,** wo wir mit der Bahn zurück nach Chur fahren.

Standort Wanderwegweiser

Zum nächsten Zwischenziel
① Valendas Station
② Stat. Versam

43

Zu den fantastischen Jöriseen in der alpinen Vereinalandschaft

Berghaus Vereina – Jöriseen – Jöriflesspass – Alp Fless Dadaint – Pass da Fless – Berghaus Vereina 15,5 km, 6½ Std.

Mit dem Kleinbus fahren wir vor Gotschna Sport los Richtung Berghaus Vereina. Eng ist die Strasse und unser Fahrer meistert die Strecke zum **Berghaus Vereina** bravourös. Das steinerne Berghaus thront auf einem **Felssporn**, im Hintergrund erheben sich die schroffen **Unghürhörner**. In dieser beeindruckenden Kulisse machen wir uns auf **Richtung Jöriseen**. Unser Bergweg führt uns durchs **Jörital**. Die Landschaft ist alpin und wir hören ab und zu die Warnpfiffe der Murmeltiere. Wir passieren einen moorigen Abschnitt und halten immer auf die Jöriseen zu. Unser Weg führt uns über die **Frömdvereina**, die grün vor uns liegt. Bald blicken wir linker Hand ins **Rosställi**, das vom **Rosställispitz** (2929 m ü. M.) links und dem **Chirchli** (2770 m ü. M.) begrenzt wird. In ruhigem Schritt gewinnen wir stetig an Höhe und geniessen dabei die herrliche Gegend. Der Jöribach sprudelt munter neben uns talwärts und sorgt für eine üppige Vegetation in Bachnähe. Gute **600 Höhenmeter überwinden wir,** bis wir beim **Punkt 2532** einerseits auf den Wegweiser treffen, der uns die **Richtung zum Jöriflesspass** zeigt, und wir andererseits die **herrlichen Jöriseen** erreicht haben. Hier ruhen wir uns erstmal aus und machen uns auf, die fünf Seen zu entdecken. Im glasklaren blauen Wasser spiegeln sich die Gipfel und lassen uns staunen. Wir tauchen unser Kopftuch ins Wasser, um etwas Kühles für den weiteren Anstieg in der Hand zu halten. Tief beeindruckt von der Schönheit, die wir in diesem steinernen alpinen Gebiet erleben, setzen wir unsere Wanderung zum **Jöriflesspass** fort. Linker Hand erhebt sich das **Muttelhorn** (2826 m ü. M.) und bald haben wir die Passhöhe erreicht. Wir passieren den milchig-hellblauen See und ste-

Schwierigkeitsgrad
Anspruchsvolle Wanderung.

Richtzeit
Wanderzeit 6½ Std.

An- und Rückreise
Das Berghaus Vereina erreicht man von Klosters aus in einer vierstündigen Wanderung. Oder aber man nimmt in Klosters den Busbetrieb vom Gotschna-Sportgeschäft (www.gotschnasport.ch, Fahrplan und Betriebszeiten beachten) in Anspruch. Der Bus fährt fünf Mal täglich und nur auf Anmeldung – Reservation unbedingt erforderlich und zwar am besten per Telefon bei Köbi Boner: 081 422 12 16 oder 081 422 11 97! Vom Berghaus Vereina fährt ebenfalls der Gotschna-Bus zurück nach Klosters. Es empfiehlt sich in Klosters zu übernachten. Klosters selbst ist gut mit der Bahn mit Umsteigen in Landquart erreichbar.

Weitere Informationen
www.gotschnasport.ch
www.klosters.ch

Einkehrmöglichkeit
Berghaus Vereina.

hen sogleich auf **2561 m ü. M.** Tief durchatmen und etwas trinken – dabei geniessen wir den Blick zu den Bergen, die sich um uns erheben.
Stolz über unsere Leistung steigen wir auf dem Bergweg zur **Alp Fless Dadaint** und **Richtung Flesspass** hinunter. Innert Kürze haben wir über 400 Höhenmeter geschafft, dieses Mal in umgekehrter Richtung. Das Alpgebäude erspähen wir schon von Weitem. Dahinter zweigt unser Weg links zum **Flesspass** ab. Wir wandern durch das schöne Tal **Val Torta**. Die Alpenblumen schmücken die Weiden und schauen keck hinter den Steinen hervor. Rechter Hand erblicken wir den **Piz Valtorta** (2975 m ü. M.) an dessen Fuss sich das Val Torta schmiegt.

Smaragdgrüne Seen faszinieren uns!

Ohne grosse Anstrengung durchstreifen wir dieses schöne Tal und nehmen den nächsten Anstieg zum Flesspass in Angriff. Stetig und ruhig überwinden wir Höhenmeter um Höhenmeter und stehen nach einer guten Stunde auf **2457 m ü. M.** Wir haben den **Pass da Fless**, unseren zweiten Pass, bezwungen!

Wir rasten, schauen ins **Süser Tal** hinein – eine atemberaubend schöne, wenngleich karge Landschaft offenbart sich uns. Wir nehmen den langen Abstieg zum **Berghaus Vereina** unter die Füsse. Bald fliesst linker Hand der **Süser Bach** neben uns her und rechter Hand erstrecken sich die **Unghürhörner**. Ob hier wohl tatsächlich Ungeheuer hausen?
Unser Weg zeichnet eine ausgedehnte Kurve vor und wir erblicken bald das **Berghaus Vereina**. Müde, aber zufrieden warten wir bei Speis und Trank auf die Abfahrt des Busses zurück nach **Klosters**.

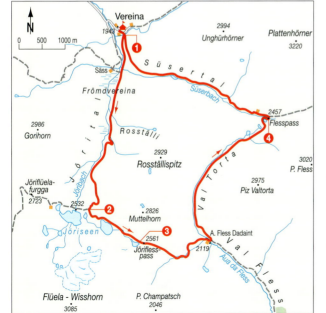

Standort Wanderwegweiser

Zum nächsten Zwischenziel

1. Jöriseen
2. Jöriflesspass
3. Flesspass
4. Gasthaus Vereina

An den Ufern des Inns von Lavin nach Zernez

Lavin – Susch – Zernez 11,5 km, 3 Std.

Das Engadiner Dorf **Lavin** liegt auf gut 1400 m ü. M. Die Häuser sind mit den fürs Engadin typischen Wandmalereien verziert und verleihen dem Ort eine spezielle Atmosphäre. Die Kirche aus dem **16. Jahrhundert,** die 2005 fertig restauriert wurde, weist bedeutende **Decken- und Wandmalereien** auf. Lavin ist Etappenort der **Via Engiadina.** Sie durchzieht das Engadin als Höhenweg, macht aber bei Lavin einen Abstecher in die Talsohle. Beim Dorfplatz folgen wir sodann dem Wegweiser der Via Engiadina **Richtung Susch** über die Brücke auf die andere Seite des Inns, der hier En genannt wird. Den Waldrand entlang wandern wir auf dem gut ausgebauten Uferweg, der ebenfalls die Strecke des **«Senda culturala Engiadina bassa»** darstellt. Wir durchqueren das Valplan und die Raglia. Kurz vor Susch gelangen wir auf eine Fahrstrasse, der wir nach rechts folgen. Das eigentliche Dorf am Fusse des Flüelapasses liegt auf der anderen Seite des Inns. Die **beiden Kirchtürme** scheinen sich zu grüssen. Wer mag, kann hier einkehren und eine Pause einlegen.

Anschliessend kehren wir auf die andere Seite des Inns zurück, passieren den Dorfteil Surpunt und halten uns beim Punkt 1422 geradeaus und verlassen die Strasse. Alsbald zweigt ein kleiner Weg links ab, den wir aber ignorieren. Würden wir ihm folgen, würden wir zu den Überresten der **sternförmigen Festungsanlage Fortezza** gelangen. Nach ca. 250 Metern treffen wir auf den Wegweiser **Richtung Zernez.** Bald folgt ein etwas mühsamer Wegabschnitt, denn wir müssen ca. einen Kilometer auf der Strasse wandern, bis unser Weg **rechts ans Innufer** abzweigt. Die bewaldeten Hänge sowie die beschauliche Flusslandschaft machen unsere gemütliche Wanderung perfekt! Das Flussbett des Inns macht eine letzte Kurve und zieht sich anschliessend ziemlich gerade durch die Landschaft. Auf der anderen Seite laufen die Gleise der Rhätischen Bahn. Bei der **Fuorcha** treffen wir auf einen geschichtsträchtigen Ort: Diese Stelle diente den Dörfern **Zernez, Susch, Lavin, Guarda, Ardez und Ftan** als frühere Richtstätte mit Galgen.
Froh, dass nichts mehr an die grauseligen Taten erinnert, wandern wir weiter den Inn

Schwierigkeitsgrad
Leichte Wanderung.

Richtzeit
Wanderzeit 3 Std.

An- und Rückreise
Lavin erreicht man gut mit der Bahn. In Landquart Richtung Lavin umsteigen. Von Zernez treten wir die Heimreise mit der Bahn an, in Sagliains Richtung Landquart umsteigen.

Weitere Informationen
www.scuol.ch
www.zernez.ch

Einkehrmöglichkeiten
In Lavin, Susch und Zernez.

Tipp
Wenn im restlichen Graubünden graue Wolken das Wetter bestimmen, ist es durchaus möglich, dass im Engadin die Sonne scheint.

Geschmücktes Engadiner Haus

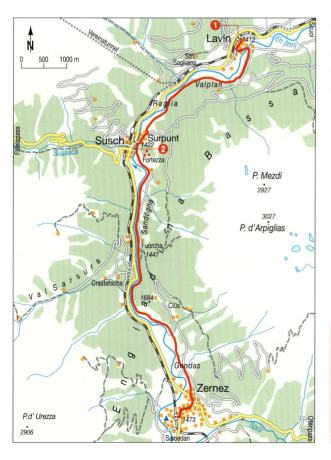

entlang nach Zernez. Bald erblicken wir die Dächer von **Zernez,** das **Tor zum Schweizerischen Nationalpark,** der 1915 gegründet wurde. Zernez ist die **waldreichste Gemeinde** der Schweiz und vereint auf ihrem Gemeindegebiet unzählige Schätze. Wir erreichen das Dorf und streifen zwischen den schönen Häusern, mit ihren in italienischem Stil gebauten **Halbflachdächern,** hindurch. Im **Nationalparkmuseum** und im 2008 eröffneten **Besucherzentrum** haben wir die Gelegenheit, die Einzigartigkeit des Nationalparks zu entdecken.

So endet also unsere Wanderung in **Zernez,** von wo wir mit der **Rhätischen Bahn** und durch den Vereinatunnel zurück Richtung Landquart fahren.

Standort Wanderwegweiser

Zum nächsten Zwischenziel

❶ Susch
❷ Zernez

In der Oberengadiner Seenplatte rund um den Silsersee

Sils Maria – Isola – Maloja – Grevasalvas – Sils Maria 15 km, 4¼ Std.

Im **«lieblichsten Winkel der Erde»** beginnen wir unsere Rundwanderung! Bereits **Friedrich Nietzsche,** der seine Sommermonate von 1881 bis 1888 in **Sils Maria** verbrachte, schwärmte von dem bezaubernden Ort, der zwischen dem **Silvaplaner- und dem Silsersee** eingebettet ist und am Fusse des Hausbergs **Frutschella** (2800 m ü. M.) liegt. Nietzsches Sommerresidenz ist heute ein Museum, wo Leben und Werk des Philosophen ausgestellt sind. Von Sils Maria geht das **Fextal,** das **höchstgelegene dauerhaft bewohnte Tal der Schweiz** ab – vielleicht beim nächsten Besuch im Engadin!
Wir verlassen das schöne Engadiner Dorf und wandern **Richtung Sils Baselgia,** um uns alsbald links gegen den Silsersee zu halten. Der Uferweg führt uns **Maloja** zu. Das Wasser kräuselt sich im Wind und viele kleine Segelboote tummeln sich auf dem Silsersee. Im Herbst, wenn die Lärchen gelb sind, bewegt man sich in einer wahrhaft malerischen Umgebung. Gemächlich wandern wir nach **Isola,** wo wir eine kurze Rast einlegen.
Ausgeruht verlassen wir den kleinen Weiler, erreichen bald wieder das Ufer und erspähen am Horizont die Häuser **Malojas.** Hier endet das breite Tal und mündet in den **Malojapass,** der steil und in vielen Serpentinen ins **klüftige Bergell** abfällt. Wir streifen das einst für den **Saumverkehr** so wichtige Maloja und wandern zum Bootssteg weiter. Wer möchte, könnte hier mit einem **kleinen Kursboot** zurück nach Sils Maria tuckern. Wir aber begeben uns auf die andere Seeseite, folgen ein Stück der Strasse und biegen nach ca. 700 Metern links in den Wanderweg **Richtung Grevasalvas** ein. Der Pfad steigt sachte an. In Kehren gewinnen wir an Höhe und sind froh, dass sich der Weg durch den kühlen Wald schlängelt. Immer wieder erspähen wir durch die Bäume den Silsersee und die traumhafte Umgebung. Etwas erschöpft erreichen wir das schöne und ruhige **Grevasalvas:** Die dunklen Schieferdächer blitzen in der Sonne und der authentische Weiler lädt zu einer Pause. Wir mobilisieren nochmals unsere Kräfte und haben bald den **höchsten Punkt** unserer Rundwanderung erreicht und werden mit einer wunderschönen Aussicht belohnt.
Auf dem folgenden **einmaligen Höhenweg,** der zur **Via Engia-**

Schwierigkeitsgrad
Leichte Wanderung.

Richtzeit
Wanderzeit 4¼ Std.

An- und Rückreise
Sils Maria ist gut mit dem Postauto ab St. Moritz erreichbar. Von Chur aus fährt die Rhätische Bahn nach St. Moritz.

Weitere Informationen
www.engadin.stmoritz.ch
www.sils-segl.ch
www.maloja.ch

Einkehrmöglichkeiten
In Sils Maria und Maloja.

Tipp
Diese Wanderung ist ganz besonders auch im Winter zu empfehlen, wenn man über den zugefrorenen Silsersee spazieren kann.

Spiegelglatter Silsersee

dina gehört, steigen wir **Richtung Sils Maria** hinunter. Das grünblaue Wasser ist nun etwas heftiger in Bewegung, da der **Malojawind** im Laufe des Tages jeweils auffrischt und seine Maximalstärke am frühen Nachmittag erreicht. Kurz nach **Crappa** zweigt unser Wanderweg nach **Sils Baselgia** ab. Wer möchte, könnte weiter geradeaus bis nach Silvaplana und um den Silvaplanersee herum zurück nach Sils Maria wandern (plus 3 Std.). Wir aber wählen die gemütlichere Variante und machen noch einen kleinen Abstecher auf die **Halbinsel Chasté**, wo für **Friedrich Nietzsche** eine **Gedenkstätte** errichtet wurde. Wir gehen mit Nietzsche einig: Die Oberengadiner Seenplatte ist ein ganz besonderer Flecken Erde, den wir erst verlassen, nachdem wir im schönen **Sils Maria** noch eingekehrt sind.

Standort Wanderwegweiser

Zum nächsten Zwischenziel

1. Isola Maloja
2. Maloja
3. Uferweg
4. Grevasalvas
5. Plaun da Lej
6. Grevasalvas
7. Silvaplauna

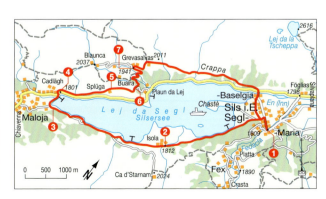

45-mal den richtigen Weg finden

Das Wanderwegnetz in der Schweiz

 Wanderwege verlaufen vorwiegend abseits der Strassen und benutzen meist Naturpfade. Bezüglich Wandererfahrung werden keine besonderen Ansprüche gestellt.

 Die gelben Wegweiser informieren über Standorte, Wanderziele und Gehzeiten (Pausen nicht eingerechnet).

 Gelbe Rhomben bestätigen den Verlauf des Wanderwegs. Gelbe Richtungspfeile geben Klarheit über die einzuschlagende Wegrichtung.

 chende Ausrüstung sowie topografische Karten werden vorausgesetzt. Die gelben Wegweiser mit weiss-rot-weisser Spitze informieren über Standorte, Wanderziele und Gehzeiten (Pausen nicht eingerechnet).

 Weiss-rot-weisse Farbstriche bestätigen den Verlauf des Bergwanderwegs. Weiss-rot-weisse Richtungspfeile geben Klarheit über den einzuschlagenden Weg.

Fehlen Wegweiser oder sind sie beschädigt, nutzen Sie nach Ihrer Rückkehr bitte das Feedbackformular unter www.wanderland.ch.

Zusatz-Signalisierung durch «Wanderland Schweiz»
Diese Routen erfüllen hohe Qualitätsanforderungen (Qualitätsziele der Schweizer Wanderwege) und heben sich qualitativ vom übrigen Wanderwegnetz ab.

 **Internationale Fernwanderrouten** sind, soweit möglich, Bestandteil der nationalen Routen von «Wanderland Schweiz». Wo internationale Fernwanderrouten über nationale Routen geführt werden, wird das Routenfeld mit einem blauen Winkel ergänzt.

 Nationale Routen durchqueren zu einem Grossteil die Schweiz. Ihre Ausgangspunkte und Ziele liegen meist im grenznahen Bereich. Sie werden mit einem Routenfeld und einer einstelligen Nummer signalisiert.

 Regionale Routen führen durch mehrere Kantone und werden mit einem Routenfeld sowie einer zweistelligen Nummer signalisiert.

 Lokale Routen sind örtlich besonders attraktive Wanderwege und werden mit einem Routenfeld sowie einem Namen oder einem Logo signalisiert.

<small>Für die Signalisation der Wanderwege in der Schweiz sind die Schweizer Wanderwege zuständig (www.wandern.ch).
Die Ratschläge, Bilder und Routenvorschläge in diesem Buch sind von Autor und Verlag sorgfältig erwogen und geprüft worden, dennoch kann eine Garantie nicht übernommen werden. Die Reisen und Wanderungen nach diesen Routenvorschlägen erfolgen auf eigene Gefahr. Eine Haftung des Autors bzw. des Verlages und seiner Beauftragten für Personen-, Sach- und Vermögensschäden aller Art, die aus den im Buch gemachten Hinweisen resultieren, ist ausgeschlossen.</small>

Impressum
1. Auflage 2010
© **2010 Fink Medien AG,** 8808 Pfäffikon/SZ; **Coop Presse,** 4002 Basel
Schriftliche Bestellungen an: Sekretariat Coop Presse, Postfach 2550, 4002 Basel
Buchbestellungen Internet: www.coopzeitung.ch/buchverlag
Idee und Konzept: Fink Medien AG, Toni Kaufmann, Marius Kaufmann
Projektleitung: Fink Medien AG, Marius Kaufmann
Autorin: Nina Hübner
Routenkontrollen: Hansruedi Steiner, Toni Kaufmann
Kartografie: Hans Haueter, Adolf Benjes
Fotos: Hansruedi Steiner, Toni Kaufmann, Marius Kaufmann
Layout: Anzeiger Region Bern, Franziska Liechti
Redaktion: Coop Presse, Martin Winkel
Gesamtherstellung: Fink Medien AG, www.fink-medien.ch
ISBN-Nr.: 978-3-905865-08-0

Wichtige Telefonnummern
144	Sanitätsnotruf
1414	Rega, Schweizerische Rettungsflugwacht
117	Polizei
117	Meldung von Blindgängern
162	Wetterprognosen